# 情報基礎

## はじめて学ぶICTの世界

### ［改訂版］

上繁義史 著

培風館

# まえがき

　私たちの社会は情報通信技術（Information and Communication Technology; ICT）への依存が日々加速していて，止まる気配はまったくありません。本書の初版出版から5年の歳月が流れて，私たちの身の回りにあるICTもパワーアップしたり，姿を変えたりしました。ドローンが空を飛び，撮影や小荷物運搬などに利用されるようになりました。家電品をはじめ，いろいろな機器がインターネットに接続するモノのインターネット（Internet of Things; IoT）が，家庭内に入ってきました。お掃除ロボットはその一例です。

　スマートフォンは今やネットサービスを利用する入口（カギと言った方がよいでしょう）となり，多くの世代で，また，多くの用途で使われるようになりました。本書刊行後，何年かは続いていくことでしょう。

　規模の大きなところでは，コンピュータの計算能力が上がって，2020年日本のスーパーコンピュータが新しくなりました。すでに，新型コロナウイルス感染症対策に関連して，様々な成果を出しています。大規模な計算処理が可能になって，データサイエンスが大きな進展をみせました。従来では分析できなかったような大量のデータが分析できるようになり，これまで見逃されていた傾向を把握できるようになりました。また，人工知能（Artificial Intelligence; AI）が大いに進展しました。ディープラーニングという学習技術を基礎として，画像認識，自動運転，株価の予測など，様々な分野に応用されています。さらには，量子コンピュータのように，新しいステージに進んだコンピュータも開発が進んでいて，現行のコンピュータを凌駕する計算能力が期待されています。

　私たちの生活の一部になっているICTです。その「中身」について知りたいと思いませんか？

　「どんな仕組みで動いているんだろう」
　「どんな分野で活用できるんだろう」
　「私たちの生活にどんな影響をもたらしているんだろう」
　「便利な面が強調されているけど，負の部分もあるんじゃないか」

　個々の話題について解説された良書は世の中にいろいろあります。しかしながら，著者自身の力量では「ICT初心者向けのただ1冊の教科書」に出会えませんでした。そこで，大学の教養教育向けの教科書として初版が作られました。あれから5年，読み返してみると，微妙な陳腐化の嵐が吹き荒れていることがわかり，さらに組み入れるべき話題があったことに気づきました（「あ，忘れてた。テヘ」という感じで…）。そのよ

うな理由から，今回改訂することにしました。

　本書は，やはり ICT 初心者を対象に，情報（技術）を理解するための「最初の一歩」を踏み出すための，基礎知識を習得していただくことを目的としています。本書は，一部構成を見直しまして，全体で 12 章から構成されています。

　1 章は，導入部として，ICT の世界を理解した方がよい理由を紹介しています。

　2 章は，コンピュータが今の姿に至るまでの歴史を概観します。また，コンピュータネットワークの研究から始まる，インターネットの歴史を取り上げます。

　3 章は，2 進数について解説しています。初版では，数値の表現の仕方を扱っていましたが，本書では計算についても扱っています。

　4 章～8 章では，技術的な話題を集めています。

　4 章は，コンピュータの基本的な仕組みについてです。コンピュータで 2 進数が使われる理由や，コンピュータを構成するハードウェアやソフトウェア（特にオペレーティングシステム）について解説しています。

　5 章は，コンピュータのネットワークの基本的な仕組みについてです。ネットワークがなぜ必要なのかや，コンピュータのネットワークの仕組みについての基本的な内容を解説しています。また，その活用例である，クラウドコンピューティングについて紹介しています。

　6 章は，情報のデジタル化について取り上げます。普段，私たちが目にしている文字，音声，画像が，どのようにしてコンピュータ上で処理できる 2 進数に化けていくのかを説明しています。

　7 章は，プログラミングに関連する知識として，アルゴリズムとフローチャートについて説明しています。これらは，プログラムを開発する以前の基礎知識です。

　8 章は，WWW の誕生や，その基礎である URL，HTTP，HTML の概要を説明しています。また，Web 検索についての技術やその活用術についても少しふれています。

　9 章～12 章では，ICT を活用するうえで理解しておくべき，周辺的な話題を集めました（周辺といっても，大事な話題ばかりですよ）。

　9 章は，情報倫理，情報格差，ネチケットなどを取り上げ，私たちがネット利用する際の心構え，すでに起きている社会問題，ネットでの発信にあたってのマナーについて考えます。オマケで，失礼にならない電子メールの書き方も取り上げています。

　10 章は，情報セキュリティについてです。「情報を守る」という漠然としたイメージから進んで，情報セキュリティの具体的な意味や，個人で実践すべき基本的な対策を解説しています。また，組織向けの情報セキュリティとして，組織的な管理についての考え方も紹介しています。

　11 章は，ICT に関連する法律と権利の話として，個人情報保護とプライバシの関係，著作権法の考え方について，基本的な内容を説明しています。

　12 章は，ICT 依存が招く心身への影響や社会的影響について説明しています。また，それを回避するための生活の知恵を，研究事例を踏まえながら紹介しています。

　改訂にあたっても，読みやすさ重視，イメージ重視で書いていますので，話し言葉が多用されていたり，厳密性に欠ける箇所があったりします。最初の一歩に必要な基礎知識に限定しているということで，何卒ご容赦くださいますようお願いいたします。もっと深く勉強したい方のために，各章末の参考文献を，手にとって読んでみることをお勧めします。本書をきっかけに，少しでも ICT の世界に興味をもっていただければ大変ありがたいと思います。

　最後に，本書を執筆するにあたり貴重なアドバイスをいただいた，元長崎大学 野崎剛一教授，藤井美智子教授，長崎大学 ICT 基盤センター 丹羽量久教授，古賀掲維准教授，柳生大輔准教授，同大 経済学部 鈴木斉講師，同大 情報データ科学部 一藤裕准教授に感謝いたします。また，12 章の執筆にあたり，貴重な資料を提供いただいた，早稲田大学 田山淳准教授に感謝いたします。

　　2021 年 1 月

上繁義史

# 目　　次

# 1 「情報人」の入口
## ～ICT から始まる学び

## 1.1 日常生活，見えない所にも ICT

　私たちの生活の中にはコンピュータがあふれています。1990 年代後半からは，生まれたときから「インターネットが身近な生活」が当たり前という状況です。コンピュータと一口に言っても，パソコンは言うに及ばず，

- ネット接続が可能なテレビゲーム機や携帯ゲーム機
- スマートフォンやタブレット端末
- 4K や 8K の高画質 TV
- スマートスピーカー
- 洗濯機，掃除機，見守りカメラのような（スマート）家電製品
- 乗用車（今やコンピュータのカタマリです）

など実に様々です。

　また，インターネットに接続して，様々なデジタルコンテンツ（ミュージック，ムービー，電子書籍，オンラインゲームなど）を利用するのも時と場所を選ばずです（当然マナーに配慮すべきです）。通信販売や旅行などの手配や支払いも手元でサクッと操作できます。支払いでは，現金やクレジットカード決済に加えて，電子マネー，QR コードによるスマートフォンでの決裁も定着してきています。いずれのサービスにしても，意識せずに使われているものと思います。

　携帯電話サービスも，第 4 世代（LTE-Advanced）が普及し，第 5 世代も日本では 2020 年 3 月に商用サービスが開始され利用できる地域が拡大しつつあります。通信の大容量化に伴って，インターネットを介したサービスもさらなる質の向上や高度化が期待されています。

　科学技術分野では，スーパーコンピュータのような超高性能計算機が，その計算能力や電力効率などの観点から，年々性能を向上させています。その様子は TOP500（6 月と 11 月に国際会議にて発表されるランキング）[1] で知ることができます。2011 年 6 月，同年 11 月（京 [2]）と 2020 年 6 月（富岳 [2]）に，理化学研究所と富士通株式会社が共同開発したスーパーコンピュータが 1 位になりました。

　インターネットの利用者は世界的に増加しています。ITU（International Telecommunication Union；国際電気通信連合）の統計によると，人口からみたインターネッ

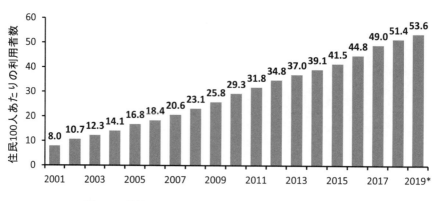

図 1.1　世界におけるインターネット利用者数の変化 [3]
*2019 年については推定値

トの普及状況は 2018 年時点で住人 100 人あたり 51.4 人，2019 年末の推計値では 53.6
人となっています [3]。図 1.1 に示すように，普及状況は世界的に上昇傾向にあります。
　インターネット上のサービスは，様々な技術的な発展によって，今まで以上に便利
に，かつ広く展開されるようになっていくでしょう。時間や距離といった物理的な制約
を克服して，様々な情報や知識を共有するための土台はすでに存在するわけです。例え
ば，

- Google
- Amazon
- YouTube
- SNS（ソーシャルネットワーキングサービス；Facebook, Instagram など）
- ミニブログ（Twitter など）

などはその一例です。新たな価値の創造にも一役買うことでしょう。
　家電や乗用車，カメラや各種センサがインターネットに接続されて，情報の収集や
処理データの通信を行い，様々なサービスを行う，モノのインターネット（Internet of
Things; IoT）が日常生活に入ってくるようになりました。小さいところでは AI スピ
ーカやお掃除ロボットがあります。大きいところでは，都市への効率的な電力供給を目
指すスマートグリッドや，走行中リアルタイムの交通情報や遠隔診断をやり取りするコ
ネクテッドカーがあります。
　クラウドコンピューティングも身近なものとなりました。特に，ソフトウェアの機能
を提供する SaaS（Software as a Service）を，パソコン，スマートフォン，タブレッ
ト端末を通じて，多くの人が利用していることでしょう（例えばストレージや音声変換
などで）。他にも，Web サービス向けシステムの開発環境や運用環境を提供する PaaS
（Platform as a Service），仮想的なサーバなどを提供する IaaS（Infrastructure as a
Service）といったサービスを活用して，さらに新たなサービスを開発することも当た
り前になりました。

　私たちは，生活のいたる場面で必然的にコンピュータにかかわりをもつことになり，コンピュータの機能や特徴に加えて，社会的な影響を十分に理解することが求められます。プライバシへの配慮や ICT 依存の抑止などはその一例と言えるでしょう。そのような中で，私たちには**情報通信技術**（Information and Communication Technology; ICT）を道具として使いこなして仕事を効率化する能力が求められています。

## 1.2　本書の目的

　本書の目的は，ICT を道具として使いこなすための足がかりとして，ICT に関する基礎知識を習得することです。

　ICT の基礎知識としては，以下の技術に関する話題を扱います。

- コンピュータの中身はどうなっているのか
- どのようにコンピュータが動作するのか
- コンピュータの中で数字，文字，画像，音声などの情報をどのように 2 進数（binary number, binary digit）に置き換えて記憶されているのか
- ネットワークがどのような仕組みなのか

情報社会に暮らす市民の教養として理解しておくべき話題としては，以下のことを扱います。

- コンピュータとインターネットの歴史の概略
- 情報検索の仕組みと学術向けの検索術
- 情報検索の結果をどのように読み解くか
- 情報倫理に基づく「正しい」とはどういうことか
- 情報セキュリティ維持に必要な考え方と対策は何か
- 個人情報とプライバシの関係とはどのようなものか
- 著作権の考え方と引用の基本的な作法
- ネチケットと日本的に通用するメールの書き方

## 参考文献

[1] TOP500.org, "June 2020 |TOP500", https://www.top500.org/lists/top500/2020/06/, 更新 2020 年 6 月 22 日，（参照 2020 年 8 月 27 日）

[2] 理化学研究所 計算科学研究センター, "理化学研究所 計算科学研究センター", https://www.r-ccs.riken.jp/jp/, 更新 2020 年 8 月 26 日，（参照 2020 年 8 月 27 日）

[3] ITU, "ITU World Telecommunication /ICT Indicators database", http://www.itu.int/en/ITU-D/Statistics/Pages/definitions/regions.aspx.html,（参照 2020 年 8 月 27 日）

# 2 コンピュータの歴史
## ～人力の時代から電子の時代への系譜

コンピュータが今の姿になるまでには様々な歴史がありました。また，コンピュータがネットワーク化されて，インターネットになるにもそれなりに歴史があります。ここでは1つの教養として，コンピュータとインターネットの歴史を勉強しましょう。

## 2.1 ハードウェアの変遷 [1]

### 2.1.1 手動計算機～コンピュータのご先祖様

コンピュータのご先祖である，手動計算機は17世紀，フランス人の数学者，パスカル（Blaise Pascal, 1623-1662）が発明したもので，パスカリーヌといいます。当時は歯車の働きにより計算する仕組みがとられていました。パスカリーヌは20進数，12進数，10進数の足し算，引き算ができたそうです。もともと，税務官吏だった父親を助けるために作られたと言われていて，お金（通貨リーブル）の計算のために20進数や12進数も必要だったそうです。孝行息子のエエ話やなぁ。

その後，数学者のライプニッツ（Gottferied Wilhelm Von Leibnitz, 1646-1716）が改良し，1700年頃に加減乗除ができるものを開発しました。掛け算を足し算の繰り返し，割り算を引き算の繰り返しにより計算しました。

日本でも，1940年代頃，電卓が普及する前に利用されていたそうです。ハンドルを使って，加減乗除の計算ができました。著者も一度，現物を試したことがあるんですが，ハンドルを何回も回す肉体労働が大変でした。計算って体力勝負だったんだと思い知りました！　その写真ですか？　オ・ト・ナの事情によりネットで調べてね。

### 2.1.2 自動計算機～人力なんてイヤだ！

手動計算機では，一度にできる計算は1種類に限られていました。例えば，100＋10，500－35，16×54，108÷4といった感じです。複雑な計算をするためには，一部分ずつ計算して，それを紙に書きとっておいて，さらに計算をしなければなりませんでした。書き間違えのリスクもあるし，検算まで考えると大変面倒ですね。

そこで次の時代には，そんな手動計算機を改良して，複雑に入り組んだ計算でも自動的にこなしてくれるような計算機を作りたいと考える人々が現れました。19世紀，イギリス人のバベジ（Charles Babbage, 1791-1871）が蒸気機関による機械式の計算機

（解析機関）を考案しましたが，結局完成はしませんでした。原因として歯車をはじめ
とする機械部品の精度が必要なレベルに届かないなどの技術的な問題が解決できなかっ
たという説や，設計者バベジと制作に携わった技術者クレメントの間に生じた，資金不
足を発端とする確執があったという説があります。

　それでも，構想の段階では，あらかじめ計算の方法と手順をパンチカードで与えてお
けば，それに従って途中で人手を介することなく，自動的に計算することができる機能
が考えられていたそうです。この発想はまさに現代のコンピュータの考えに通じるもの
と言えます。

　結局，自動計算機は 1944 年になってから完成しました。自動計算機はカードや紙テー
プに開けられた細かい穴のパターンを読み込んで，プログラムや数字を解読し，モー
タで歯車を回転させることにより計算しました。当時開発されたものとしては，10 進
数を 23 桁計算できる計算機（MARK-I）が知られています。幅 15.5 m，奥行 0.6 m，
高さ 2.4 m，重量 5 トンという巨大さです。当時，アメリカの国勢調査などに用いられ
たそうです。MARK-I の他には，ツーゼ（Konrad Zuse, 1910-1995）がほぼ独力でプ
ログラムが可能な自動計算機 Z1，Z2，Z3 などを製作していましたが，第二次世界大
戦のおり焼失したそうです。

### 2.1.3　電子計算機登場〜実は戦争の落とし子！？

　電子計算機は第二次世界大戦の時期に開発されました。まず，アイオワ大学のア
タナソフ（John Vincent Atanasoff, 1903-1995），ベリー（Clifford Edward Berry,
1918-1963）が世界最初の電子計算機 ABC（Atanasoff-Berry Computer）を開発しま
した。特徴は，当時はじめてメモリと 2 進数による演算が組み込まれたことでした。
当時アタナソフとベリーは太平洋戦争のために ABC を完成させることはできませんで
した。

　後に，ペンシルバニア大学のモークリ（John William Mauchly, 1907-1980），エッ
カート（John Presper Eckert, 1919-1995）が ENIAC（Electronic Numerical Inte-
grator And Calculator）を作りました。ENIAC は 10 進法で計算を行う電子計算機
で，10 桁ないし 20 桁の数字の計算を行いました。計算の仕組みを 18,000 本もの真空
管（2.1.5 節）により実現していて，重さはなんと 30 トンになっていました。当初は，
第二次世界大戦の戦時中に大砲の弾道計算に用いるつもりで開発していたのですが，完
成したのは終戦の翌年 1946 年 2 月でした（ちなみにヨーロッパの戦争は 1945 年 5 月
7 日のドイツ降伏，アジアの戦争は 1945 年 9 月 2 日の日本降伏で終わりました）。実際
に ENIAC が使われたのは水爆の爆縮時の衝撃波の計算だったらしいです。

　ENIAC は電子的に計算を行うため，上で紹介した機械式の自動計算機が 1 か月半
かけて計算していたのを，わずか 1〜2 時間で計算できるようになったそうです。しか
し，具体的にどんな計算をさせるかを書いたもの，すなわち，**プログラム**（program）
の変更に大変な労力を必要としていました。実は，当時の計算機には，今のパソコンの

ようなキーボードはついていなかったのです。何人もの人が2週間くらいかけて多数の端子を導線などでつなぐという，肉体労働によってプログラムしたそうです。現代の視点で見ると欠点ですね。

### 2.1.4 コンピュータ～現代への系譜

ENIACの欠点を解消する方式が，1945年にノイマン（John von Neumann, 1903-1957）によって提案されました。それはプログラムをコンピュータの中に記憶させて，その順番に従って1つ1つ処理を行う（このような処理を**逐次処理**といいます），**プログラム内蔵方式**あるいは**ストアドプログラム方式**です。これは現在でも用いられている方式で，パソコンでも使われています。もちろん，コンピュータを含んだ製品（家電，スマートフォン，テレビ，ゲームなど）も同様です。これなら，プログラムを入れ替えるだけで，1台のコンピュータでもまったく異なる処理ができるということになりますね。

このノイマンの方法を用いたコンピュータを**ノイマン型コンピュータ**といいます（図2.1）。ノイマン型コンピュータについては，4章で詳しく説明します。

ここでは紙面の都合上詳しくは書かないんですが，「コンピュータによる計算とは何か」を理論的に解き明かしたチューリング（Alan Mathieson Turing, 1912-1954）や，情報量の概念に基づく情報理論を打ち立てたシャノン（Claude Elwood Shannon, 1916-2001）の名前も銘記したいと思います。本書よりも進んだ内容を学ぶときには必ず登場するハズです。

図 **2.1** ノイマン型コンピュータのイメージ

### 2.1.5 コンピュータの構成部品の発達 [2]

1948年に世界最初のノイマン型コンピュータ SSEM，Baby が完成し，翌1949年にEDVAC，1951年には世界最初の商用コンピュータ UNIVAC-I が完成しました。UNIVAC-I は1952年にアメリカの統計局に納品されました。

その後，コンピュータはその計算を実現する部品の発達に伴って，世代で区分されるようになりました。

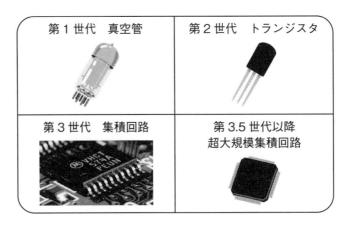

図 **2.2** コンピュータの主要部品の世代

ENIAC などの第 1 世代では真空管が使われていました（図 2.2）。真空管 1 本の機能を簡単にいうと，電気的にスイッチをオン/オフすることで，電流を流す/流さないといった制御をする管で，その名の通り内部は真空に保たれています。真空管の大きさは大小ありますが 1 本が大きいこと（小さいもので数 cm 程度）や発熱すること，真空管と同じ機能をもつ半導体の小型部品（トランジスタ）が作られたことから，今現在ではほとんど使われなくなりました。2020 年 8 月の時点で，真空管を生活に使っているご家庭はほとんどないハズです（真空管を使ったアンプを自作する人は別ですよ）。

第 2 世代以降では半導体で作られたトランジスタが使われるようになりました。トランジスタは真空管に比べて大変小さく（数十分の一のサイズ）なりました。初期のトランジスタは 1 つの部品で 1 つのトランジスタが入っていたのですが，半導体技術の向上によって，1 つの半導体のチップに数十個のトランジスタを作ることができるようになり，初期のトランジスタ 1 個分がその後の半導体チップの中では数十分の一のサイズで作られるようになりました。その結果，第 3 世代で IC（Integrated Circuit；集積回路，半導体のかたまり）が登場しました。それから以降は，小さな半導体のチップの上にできるだけたくさんのトランジスタを作る，微細化の技術が開発されていきました。第 3.5 世代で LSI（Large Scale Integration; 大規模集積回路，集積回路の一種）が用いられています。現在のコンピュータは第 4 世代で，VLSI（Very Large Scale Integration; 超大規模集積回路，集積回路の一種）をもっているのが特徴です。世代を追うごとに，指先に載るくらいの小さなチップ 1 枚あたりに，作り込まれているトランジスタの数が多くなっていきます。第 3 世代のはじめは数千個程度だったものが，第 4 世代になると数千万個以上に達しました。ダウンサイジングと高性能化が大いに進んでいきました。

### 2.1.6 コンピュータの最近とこれから

上で見てきたように，コンピュータはひたすら小型化，高性能化を目指して作られています。最近では，コンピュータの中核の装置 CPU が 1 つのチップの中に 2 つ以上入っているマルチコア CPU が一般的になりました（4.2 節）。

コンピュータはいくら高度になっても，プログラムによりすべての仕事の手順を間違いなく完全に指示するという基本は変わっていません。例外的なネタですが，1980 年代に第 5 世代型として，推論によって判断できるコンピュータを目指して研究されましたが [4]，直接一般に普及することはありませんでした。近年のディープラーニング [7] に基づく**人工知能**（Artificial Intelligence; AI）とは異なる代物です。

最近のコンピュータをいくつか紹介しましょう。**スーパーコンピュータ**という，高度な科学技術計算に用いるコンピュータがあります。その中で，パソコンなどでは不可能なくらい高速な計算能力を実現しようと，産官学の共同研究開発プロジェクトにより開発が進められました。これが基礎となって，理化学研究所の「京」が完成し，2011 年には世界最速のコンピュータとして記録を打ち立てました。京は，地球全体の気象変動のような大きな現象や，医学，バイオテクノロジーやナノテクノロジーの微小世界についてのシミュレーションに利用されました。京は 2019 年 8 月 16 日に利用終了となり，その後継として「富岳」が開発されています。富岳は，2020 年前半ではまだ試験運用段階でしたが，2020 年 6 月に世界最速のコンピュータとして認められました。富岳は 2020 年のコロナウイルス関連の研究で著しい成果を出しています。2021 年に本格運用の開始予定です。

他方，小型のコンピュータに目を向けてみますと，携帯電話（スマートフォンを含めて），テレビ，エアコン，電子レンジなどの家電製品の動作を制御するプログラムを動かす**組み込みコンピュータ**（embedded computer）というものがあります。昔の組み込みコンピュータはそれぞれのチップに応じて異なるプログラミング言語が使われてきましたが，最近の組み込みコンピュータの一部はメーカや種類によらずに，共通のプログラミング言語で開発できるようになってきました。このようなチップは，パソコン用の Windows や Mac OS とは異なりますが，オペレーティングシステム（OS：4.3.1 節）をもつという特徴があります。OS としては，日本で開発された $\mu$ITRON の系統の $\mu$C3，オープンソースの組み込み Linux，マイクロソフト社の Microsoft Windows 10 IoT などがあります。いずれも最近注目の IoT と関連深い OS ですので，組み込みコンピュータはさらに活躍の場を広げていくことでしょう。

なお，ノイマン型コンピュータと概念の異なるコンピュータの開発が世界的に進んでいます。**量子コンピュータ**（quantum computer）[6] です。これは，量子力学というミクロの世界（電子とか陽子とか）の振舞いを描く物理学がもとになっています。量子コンピュータでは，**量子ビット**（qubit）という単位で，並列計算が可能になるとされています。そもそも量子ビットを生成し維持するのが難しいそうですが，実用段階にま

で発展すれば，スーパーコンピュータを超える計算能力になるものと期待されています。2020 年 8 月現在，D-Wave，IBM，Google，Microsoft のものが知られています。

　コンピュータは様々な歴史を経て，現在の形に発展しました。10 年後，コンピュータはどんな姿になっていて，何ができるようになっているのでしょうか？

## 2.2　インターネットの世界の変遷〜研究用から商用に

　私たちはインターネットに接続された世界中のコンピュータと日々通信しています。あまり意識することはないと思いますけどね。ここでは，インターネットの生い立ちを紹介しようと思います。

　インターネットの起源には米国国防省高等研究計画局（ARPA，DARPA の前身）が開発に絡んでいて（出資していて），一部に軍用ネットワークという見方があったそうです。1960 年代後半，アメリカの大学などの研究者が ARPANET（Advanced Research Projects Agency NETwork，1969 年〜1990 年）を開発しました。当時，カリフォルニア大学バークレイ校，同大学ロサンゼルス校，スタンフォード大学研究所，ユタ大学に設置された 4 台のコンピュータが接続されていました。運用が始まったのが 1969 年 10 月でした（その数か月前に著者が産声を上げました！　ま，どーでもイイっすけどね）。回線速度は 50 kbps（1 秒あたり約 5 万桁の 2 進数を通信）だったそうです。

　その後，電子メールが開発（1971 年）され，インターネットの通信プロトコルの標準となる TCP/IP（Transmission Control Protocol/Internet Protocol）ができあがりました（1982 年）。その翌年，1983 年には ARPANET も TCP/IP を採用しました。

　ARPANET の技術をもとに NFSNET（1986 年〜1995 年）が作られました。スーパーコンピュータの共同利用を目的として，学術機関を結ぶネットワークとして構築されました。これが後のインターネットの母体になります。

　1988 年にアメリカでインターネットの商用利用が始まり，アメリカ国外のネットワークとも接続されていきます。そこから徐々に今のインターネットになりました。日本では，1989 年に JUNET（Japan Unix NETwork，1984 年〜1991 年）が NFSNET と接続されました。1991 年に WWW と HTML が発明され，1993 年以降ブラウザが次々に発表されていきます（Mosaic，Netscape，Internet Explorer）。

　インターネットの黎明期を中心に，ザックリ年表でまとめると表 2.1 のようになります。詳細は文献 [5] を追うとよいでしょう。

　他にも書くべき歴史はいろいろありますが，ソフトウェアの開発など，あげるとキリがなくなりますので，本書ではこのくらいにしておきましょう。

表 2.1 インターネット小史

| 年 代 | 概 要 |
|---|---|
| 1969 年 | 世界初のコンピュータネットワーク：ARPANET（〜1990） |
| 1971 年 | トムリンソン（Raymond Samuel Tomlinson, 1941-2016）が ARPANET 上で利用できる電子メールシステムを開発<br>✓ この時点で@が他のホストの利用者を示す記号として使われていたらしい |
| 1972 年 | ARPANET がイギリスとノルウェーのノードと接続された<br>✓ ARPANET 初の国際間接続となった |
| 1979 年 | UUCPNET が運用開始<br>✓ UNIX 同士の通信プロトコル UUCP による接続が行われた |
| 1981 年 | 通信プロトコル IPv4（Internet Protocol version4）のもととなる仕様が公開 |
| 1982 年 | インターネットで使用されるプロトコルの体系 TCP/IP（Transmission Control Protocol/Internet Protocol）が決まる<br>✓ 最初の仕様が 1974 年にできて，そこから発展 |
| | 世界初（かも）のコンピュータウイルス Elk Cloner<br>✓ パソコン向けという意味では世界初。フロッピーディスクを媒体にして拡散 |
| 1984 年 | 日本で研究機関を中心に JUNET 設立 |
| 1986 年 | NSFNET（〜1995）構築 |
| 1988 年 | アメリカで商用接続開始（UUNET によるサービス開始） |
| | モリス・ワーム事件（ARPANET・クラッシュ）が発生！<br>✓ 報道により注目を受けた世界初のワームによるトラブル。インターネットに接続された UNIX マシンが侵入を受け，プログラムの実行負荷を増大させクラッシュ |
| | 日本で専用線による IP 接続実験（日本国内でのネットワーク接続）として WIDE（Widely Integrated Distribution Network）が発足 |
| 1989 年 | 日本 JUNET が NSFNET と接続 |
| 1991 年 | WWW（World Wide Web），HTML（Hyper Text Mark-up Language）（ホームページの基本原理と言語）の発明<br>✓ 欧州原子核研究機構（CERN）で論文を共有する仕組みとして開発 |
| 1993 年 | 日本で商用インターネット接続開始<br>✓ IIJ（Internet Initiative Japan Inc.）の発足 |
| | 閲覧ソフト（ブラウザ）Mosaic 登場 |
| 1994 年 | 閲覧ソフト（ブラウザ）Netscape 登場 |
| | 日本初の IX（NSPIXP-1）を東京に設置 |
| 1995 年 | Windows95 発売による大ブレイク<br>✓ 個人（一般家庭）のインターネット利用が増えるきっかけに！<br>✓ IE（Internet Explorer）配布開始 |
| | IPv6 の最初の仕様が決まる |
| 1997 年 | NTT が OCN サービス開始 |
| 1998 年 | CATV によるインターネット接続開始 |

| 1999 年 | NTT ドコモが i-mode 対応の携帯電話を発表<br>ADSL の商用サービスが開始：一般家庭にもブロードバンド普及 |
|---|---|
| 2002 年 | 公衆無線 LAN（ネット・スポット）の商用サービス開始 |
| 2006 年 | モバイル端末（携帯電話など）でのインターネット接続がはじめてパソコン利用を超える<br>（パソコン利用者 6,416 万人，移動端末利用者 6,923 万人） |
| 2011 年 | 2 月 3 日 IANA（全世界の IP アドレスを管理）にて IPv4 アドレス枯渇<br>4 月 15 日 APNIC（アジア太平洋の IP アドレスを管理）にて IPv4 アドレス枯渇<br>日本では JPNIC 管理下の IPv4 アドレスの移転制度が開始<br>✓　その後，2012 年〜2015 年に世界各地で IP アドレスが枯渇 |

## 参考文献

[1]　大駒誠一，「コンピュータ開発史—歴史の誤りを正す「最初の計算機」をたずねる旅」，共立出版，2005 年

[2]　曽根悟，小谷誠，向殿政男監修，「コンパクト版 図解 電気の大百科」，オーム社，1996 年

[3]　情報処理学会編，「エンサイクロペディア情報処理 改訂第 4 版」，オーム社，2002 年

[4]　（財）日本情報処理開発協会 調査部，"第五世代コンピュータプロジェクトの記録"，https://www.ueda.info.waseda.ac.jp/AITEC_ICOT_ARCHIVES/ICOT/HomePage-J.html，更新 2005 年 5 月 25 日，（参照 2020 年 8 月 27 日）

[5]　日本ネットワークインフォメーションセンター，"インターネット歴史年表"，https://www.nic.ad.jp/ja/copyright.html，（参照 2020 年 8 月 27 日）

[6]　長橋賢吾，「図解入門 よくわかる最新 量子コンピュータの基本と仕組み—数式なしで学ぶ未来のコンピュータ」，秀和システム，2018 年

[7]　長橋賢吾，「図解入門 よくわかる最新 機械学習の基本と仕組み—数学が苦手でも理解できる人工知能の基礎」，秀和システム，2019 年

# 3 コンピュータの中の数字
## ～2進数の世界

「コンピュータの内部は2進数」ということはよくご存じだと思います。では，2進数ってナニモンだ？　この章では，コンピュータ内部の説明をする前段として，その辺にスポットライトを当てたいと思います。

## 3.1 2進数の世界～まずは「いろいろな数字」を2進数に

本来，**デジタル**（digital）とは離散的な（$1, 2, 3, \cdots$ のような数字で書ける）状態を表すことですが，コンピュータの中での数字といえば，何はともあれ2進数です。

一般に，$p$ 進数と書いたときの $p$ の値を**基数**（cardinal number）といいます。2進数であれば，基数は2です。10進数の基数は10ですね。

2進数は1つの桁が「0」と「1」の2種類の数字だけで表されます。ここでは，2進数がどのように成り立っているか，また2進数による数字の表現にどんな種類があるのかを学んでいきましょう。

### 3.1.1 2進数と16進数への変換～ナゼ2で割る？

まず，10進数と2進数の変換，2進数と16進数の基数変換について説明します。

**10進数**（decimal number）の成り立ちを考えてみましょう。下のように展開することができます。

$$215 = 2 \times 100 + 1 \times 10 + 5 \times 1 = 2 \times 10^2 + 1 \times 10^1 + 5 \times 10^0$$

つまり，それぞれの桁の数字は，$10^2$, $10^1$, $10^0$（$10^0 = 1$ です）がいくつずつ含まれているかを示していると言えるわけです。

次に，**2進数**（binary number）について，上と同じように考えてみましょう。10進数の215は下のように展開できます。

$$215_{(10)} = 1 \times 2^7 + 1 \times 2^6 + 0 \times 2^5 + 1 \times 2^4 + 0 \times 2^3 + 1 \times 2^2 + 1 \times 2^1 + 1 \times 2^0$$
$$\Rightarrow 215_{(10)} \text{ を2進数で表すと } 11010111_{(2)}$$

　上式で，添え字の（10）と（2）はそれぞれ，10進数，2進数の数字であることを示しています。この式では，2進数のそれぞれの桁（0と1）は，$2^7$，$2^6$，$2^5$，$2^4$，$2^3$，$2^2$，$2^1$，$2^0$が含まれているか，含まれていないかを示しています。2進数の桁数をビット（bit）といいます。上の例ですと8桁の2進数ですので，8bitということになります。

　では，10進数から2進数に変換するには，どうしたらよいのでしょう？　10進数の数字をひたすら2で割って，その余りを並べて2進数を求めます。215を2進数に変換してみましょう。

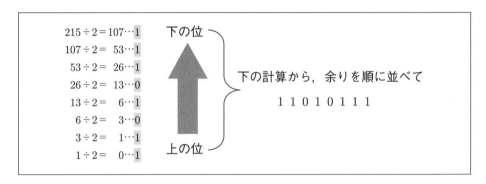

それぞれの割り算の余りを下から順に並べると，11010111となります。

　それでは，なぜこのように計算で，2進数が求められるのかを考えてみましょう。ヒントとして，上の計算をもとにして，215の数字を式に展開してみましょう。

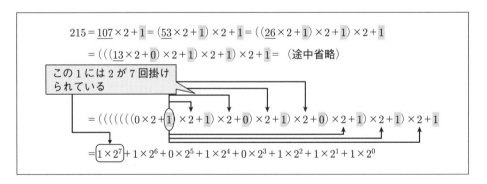

上式で下線をつけた数字は2で割った商，■をつけた部分は余りを示しています。ポイントは余りの値に2が何回掛けられているかです。よく見てください。みなさん，理解できましたか？

---

【課題3.1】　10進数を手計算で2進数に変換して8bitで表しなさい。ただし，計算結果が7bit以下の場合には，数字の左側の桁に0を詰めて，8bitで表示すること。

　（1）　9　　　（2）　128　　　（3）　255

---

　さて，今度は**16進数**（hexadecimal number）について考えてみましょう。基数が16になっただけで，基本的な考え方は10進数，2進数と同じです。唯一違うのは数字です。私たちが知っている数字は，いわゆるひとつのアラビア数字，つまり0，1，2，3，4，5，6，7，8，9です。しかし，16進数は1つの桁で16個数えるため，アラビア数字だけでは数字の種類が6個足りません。そこで，10進数の10から15までにあたる数字として，AからFのアルファベット6文字を借りてくることにしました。したがって，16進数の1桁は0，1，2，3，4，5，6，7，8，9，A，B，C，D，E，Fで表されます。

　16進数の1桁が2進数4bitに対応していて，変換が簡単に計算できることや，2進数表示の1/4の桁数で表せることから，よく16進数で表します。表3.1にその対応表を示します。

　例えば，先の215を2進数で表すと，$11010111_{(2)}$ ですから，2進数を4bitずつ区切って，表3.1に従って16進数に変換するとD7となります。

　もちろん，2進数とまったく同じ方法で，10進数から直接計算して求めることもできます。つまり，10進数の数字を16で割って，その余りが16進数の1桁になるということです。

表 3.1　10進数，2進数，16進数の対応表

| 10進数 | 2進数 | 16進数 |
|--------|-------|--------|
| 0 | 0000 | 0 |
| 1 | 0001 | 1 |
| 2 | 0010 | 2 |
| 3 | 0011 | 3 |
| 4 | 0100 | 4 |
| 5 | 0101 | 5 |
| 6 | 0110 | 6 |
| 7 | 0111 | 7 |
| 8 | 1000 | 8 |
| 9 | 1001 | 9 |
| 10 | 1010 | A |
| 11 | 1011 | B |
| 12 | 1100 | C |
| 13 | 1101 | D |
| 14 | 1110 | E |
| 15 | 1111 | F |

---

**【課題 3.2】** 課題 3.1 で求めた 2 進数を 16 進数に変換しなさい。

---

### 3.1.2　2 進数の負数〜有限の桁数を活かします

　人間と違って，コンピュータの中では有限のビット数で表現できる数字しか扱えません。その制約の中で，正数，負数，0 といった数字を扱います。正数や 0 については説明不要だと思いますが，負数はどのように表すのでしょう？　私たちは「−」（マイナス）という記号を使いますが，コンピュータの中では数字しか記憶できないので「−」（マイナス）といった記号さえも，工夫して 2 進数で表します。ここでは上に述べた，有限のビット数という点に注目します。話をわかりやすくするために，計算に使うビット数を 8 bit に限定して考えましょう。

**(1)　絶対値表現**

　最上位ビット（Most Significant Bit; MSB）の 0，1 を「＋」，「−」（符号とよびます）を表すものと決めて，残りの 7 bit で数値を表す方法があります。

> 例）　　$+18_{(10)} \rightarrow 00010010_{(2)}$,　　$-18_{(10)} \rightarrow 10010010_{(2)}$

わかりやすい表現ですので，デジタル化された情報を表現するのに応用できます。ただ，0 が ＋0（$00000000_{(2)}$）と −0（$10000000_{(2)}$）の 2 通り表せるので，計算に利用するうえで不都合があったりします。

**(2)　1 の補数表現**

　補数（complement）とは，ある基準となる数値から，その数を引いた残りの数をさします。例えば，2 進数の場合では 1 に対する補数と 2 に対する補数があります。ここでは 1 の補数を紹介しましょう。ある 8 bit の 2 進数 $B_{(2)}$ の 1 の補数は

$$\bar{B}_{(2)} = (2^8 - 1)_{(2)} - B_{(2)}$$

と表されます。1 の補数表現は，8 bit の数値の 0 と 1 を入れ替えると求められます。論理演算の基本的な演算で表現できます（3.2.2 節）。

> 例）　　$+18_{(10)} \rightarrow 00010010_{(2)}$,　　$-18_{(10)} \rightarrow 11101101_{(2)}$

この表現では，負数の MSB が必ず 1 になるので，見た目にわかりやすいですね。しかし，この表現でも ＋0（$00000000_{(2)}$）と −0（$11111111_{(2)}$）があるので，実は計算には都合が悪いのです。

**(3) 2の補数表現**

2の補数表現は，8 bit の数値の0と1を入れ替えて，**最下位ビット**（Least Significant Bit; LSB）に1を足します。数式で表現すると，8 bit の2進数 $B_{(2)}$ の2の補数は

$$\bar{B}_{(2)} = (2^8)_{(2)} - B_{(2)}$$

と表されます。

---

例）　　+$18_{(10)} \to 00010010_{(2)}$,　　$-18_{(10)} \to 11101110_{(2)}$

---

負数のMSBが必ず1になるのは1の補数表現と同じですが，2の補数は0が1通りしかありません（ちなみに，2の補数で $1000000_{(2)}$ は $-128_{(10)}$，$11111111_{(2)}$ は $-1_{(10)}$ です）。こうした理由で，負の整数を直接計算に用いる場合には2の補数で表すケースが多くみられます。

---

【**課題 3.3**】　数値 $-59_{(10)}$ の2進数を次の手順で求めなさい。
　（1）　$59_{(10)}$ を8 bit の2進数で表す。　　（2）　2の補数を求める。

---

### 3.1.3　2進数の小数～無限の桁数を有限の桁数に

小数でも，位取りの基本的な考え方は整数と同じです。つまり，小数のときは $2^{-m}$（$m$ は正整数）が含まれているか，いないかを，小数点の左から $m$ 桁目の0と1で表します。すなわち，$2^{-1} = 0.5$，$2^{-2} = 0.25$，$2^{-3} = 0.125$，$2^{-4} = 0.0625$，$\cdots$ が含まれているか，いないかで表すわけです。2進小数の数値例でその様子を見てみましょう。

0.00100101 の場合

| 0. | 0 | 0 | 1 | 0 | 0 | 1 | 0 | 1 |
|---|---|---|---|---|---|---|---|---|
| $2^0$ | $2^{-1}$ | $2^{-2}$ | $2^{-3}$ | $2^{-4}$ | $2^{-5}$ | $2^{-6}$ | $2^{-7}$ | $2^{-8}$ |

という意味ですので，10進数で表すと，

$$0 \times 2^{-1} + 0 \times 2^{-2} + 1 \times 2^{-3} + 0 \times 2^{-4} + 0 \times 2^{-5} + 1 \times 2^{-6} + 0 \times 2^{-7} + 1 \times 2^{-8}$$

$$= 0.14453125$$

となります。ただし，この表し方ではビット数がいくらでも増やすことできますから，このままでは有限のビット数で表すのには向きません。コンピュータ上での計算のためには，もう一工夫しなくちゃ，ということになります！

そこで有限のビット数で，あたかも何桁もの小数を表せるように考えだされたのが，**浮動小数点形式**（floating point format）です。これは科学的な数値表現を応用する話

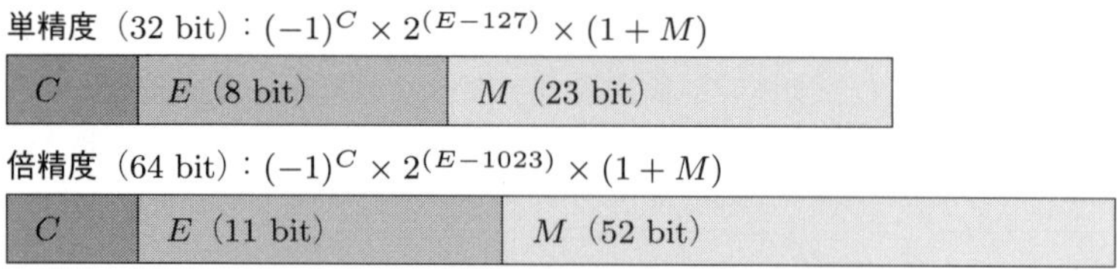

単精度（32 bit）：$(-1)^C \times 2^{(E-127)} \times (1+M)$

| $C$ | $E$（8 bit） | $M$（23 bit） |
|---|---|---|

倍精度（64 bit）：$(-1)^C \times 2^{(E-1023)} \times (1+M)$

| $C$ | $E$（11 bit） | $M$（52 bit） |
|---|---|---|

図 3.1　浮動小数点形式（IEEE 754 準拠）

です。つまり，10 進数でいうと，

$$+1.258956 \times 10^{-15}$$

って書き方がありますよね。これを 2 進数に使おうってコトなんです。

　浮動小数点形式は符号 $C$（＋（プラス）か－（マイナス）を 1 bit で区別），**指数部** $E$（2 の冪の肩の数字），**仮数部** $M$（1 以下の 2 進小数。実際には小数の部分の 2 進数を並べたもの）で構成されます。本来，無限の桁数をもつ数字を，無理やり限られた桁数に押し込めて表現するのですから，もちろんすべての実数を表せるわけではありません。ですが，以下で紹介する倍精度などは科学技術計算でよく使われます。浮動小数点形小数の表し方について，国際標準にもなっている方式 IEEE 754 に基づいて説明します。この方式では，符号，指数部，仮数部を使って，小数を図 3.1 のように表します。

　図 3.1 のように，浮動小数点形式には単精度と倍精度の 2 種類があります。両者は指数部と仮数部のビット数が異なります。これによって，表現できる数字の個数が大きく変わります。つまり，どれだけ桁数の多い数字を扱えるかが異なっているわけです。当然，単精度よりも倍精度の方が，ビット数が多い分だけ，多くの桁数（整数も小数も含んでの話ですよ）の数字を表すことができます。

　さっきの例（2 進小数 0.00100101）で考えましょう。0.00100101 は正数ですから $C=0$ です。指数部と仮数部は単精度，倍精度で異なりますから，それぞれ考えてみると以下のようになります。2 進数表示のところで，符号，指数部，仮数部を図 3.1 に従って色分けしています。

---

**【単精度の場合】**
　指数部は $E - 127 = -3$ より $E = 124$（2 進表記は 01111100），仮数部は $M + 1 = 1.00101$（2 進表記）より $M = 00101$ となりますから，

　　　　　　00111110000101000000000000000000　（32 bit）

**【倍精度の場合】**
　指数部は $E - 1023 = -3$ より $E = 1020$（2 進表記は 01111111100），仮数部は $M + 1 = 1.00101$（2 進表記）より $M = 00101$ となりますから，

00111111110000101000000000000000000000000000000000000000000000000

（64 bit）

---

【課題 3.4】　$0.0001000100101_{(2)}$ を単精度の浮動小数点形式で表したときの $C$, $E$, $M$ の値をそれぞれ 2 進数で求めなさい。

---

## 3.2　2進数の計算の基礎〜数字なんだから計算，計算！

2進数でも私たちのよく知る四則演算，すなわち加減乗除の計算があります。これ以外に，コンピュータ上の計算で使われる論理演算やビット演算があります。ここでは，コンピュータになったつもりになって，2進数の計算に取り組んでみましょう。

### 3.2.1　加減乗除

まず，2進数の計算の一番手として，加減乗除について学習しましょう。コンピュータの中の計算は，以下の例のような四則演算と，いくつかの計算の組合せで成り立っています。引き算の計算には，引く数を2の補数（3.1.2節）で表して，足し算に変換して計算します。割り算は**引き放し法**もしくは**突き放し法** [2] とよばれる方法を紹介します。これはコンピュータ上でとられる計算方法です。

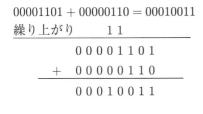

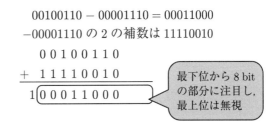

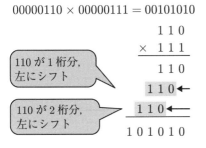

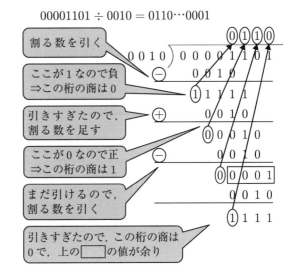

---

**【課題 3.5】** 次の 2 進数の計算をしなさい。

(1)  $1100101 + 10101011$          (2)  $00011011 - 00000100$

(3)  $00010110 \times 00001011$          (4)  $00011001 \div 0101$

---

### 3.2.2 論 理 演 算

論理演算（logical operation）とビット演算（bit operation，3.2.3 節）はコンピュータの計算の中でも最も特徴的と言えます。というのも，これらの計算の考え方はコンピュータの中身である電子回路による処理と直接結びつくからです。上の 2 進数の四則演算も論理演算を複雑に組み合わせることで実現することができます。

論理演算とは，2 つ以上もしくは 1 つの 2 進数（1 bit）を入力したら，1 つの 2 進数（1 bit）を出力する計算のことです。最も基本的な演算は，否定（**NOT**），論理積（**AND**），論理和（**OR**）の 3 つです。論理演算は，四則演算と違って，桁上がりはありません。入力の 0 と 1 の組合せの数だけ出力のパターンがあります。例えば，1 つの入力であれば，入力のパターンは 2 通りですから，出力もそれに合わせて 2 通りあります。また，2 つの入力であれば，入力のパターンは 4 通り（「0 と 0」，「0 と 1」，「1 と 0」，「1 と 1」）ですので，4 通りの出力のパターンがあるわけです。入力が 3 つ，4 つであれば，出力のパターンはそれぞれ 8 通り，16 通りあることになります。もう少

表 3.2　論理演算の基本演算

| | 否定（**NOT**） | | 論理積（**AND**） | | | 論理和（**OR**） | | |
|---|---|---|---|---|---|---|---|---|
| 論理式 | $Y = \bar{A}$ | | $Y = A \cdot B$ | | | $Y = A + B$ | | |
| 図記号 | 入力 A ▷○ 出力 Y | | 入力 A、入力 B → 出力 Y | | | 入力 A、入力 B → 出力 Y | | |
| 真理値表 | 入力 | 出力 | 入力 | | 出力 | 入力 | | 出力 |
| | A | Y | A | B | Y | A | B | Y |
| | 0 | 1 | 0 | 0 | 0 | 0 | 0 | 0 |
| | 1 | 0 | 0 | 1 | 0 | 0 | 1 | 1 |
| | | | 1 | 0 | 0 | 1 | 0 | 1 |
| | | | 1 | 1 | 1 | 1 | 1 | 1 |
| 意味 | 入力値を反転した値（否定値）を出力する。 | | すべての入力値が 1 のときに出力が 1，それ以外では出力が 0 となる。（入力に 1 個でも 0 があれば出力は 0 となる） | | | 入力値のうち 1 つでも 1 があれば出力値は 1 となる。（すべての入力が 0 のとき出力は 0 となる） | | |

し学術的な書き方をしますと，論理演算とは**真**（true）と**偽**（false）の2種類の集合の元（**真理値**（truth-value））をもつ演算となります。この説明だけではワケわからないので表3.2にまとめました。

論理演算が2進数の四則演算と関係あることを，図3.2から考えてみましょう。この図は1 bitの加算を論理演算によって表したものです。一見，複雑な演算のように見えますが，図中の基本演算を個別にたどれば，簡単に真理値表が得られます。

図3.2の①，②のNOTの入力はそれぞれBとAですから，真理値表は表3.3，表3.4となります。

次に，図3.2の③，④について考えてみましょう。これはANDです。③のANDの入力はAと$\bar{B}$，④のANDの入力は$\bar{A}$とBですから，真理値表は表3.5，表3.6となります。

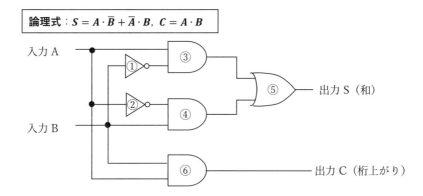

**図3.2** 1ビットの加算を行う論理演算

**表3.3** ①のNOT演算

| 入力B | 出力$\bar{B}$ |
|---|---|
| 0 | 1 |
| 1 | 0 |

**表3.4** ②のNOT演算

| 入力A | 出力$\bar{A}$ |
|---|---|
| 0 | 1 |
| 1 | 0 |

**表3.5** ③のAND演算

| 入力 | | 出力 |
|---|---|---|
| A | $\bar{B}$ | $Y_1 = A \cdot \bar{B}$ |
| 0 | 0 | 0 |
| 0 | 1 | 0 |
| 1 | 0 | 0 |
| 1 | 1 | 1 |

**表3.6** ④のAND演算

| 入力 | | 出力 |
|---|---|---|
| $\bar{A}$ | B | $Y_2 = \bar{A} \cdot B$ |
| 0 | 0 | 0 |
| 0 | 1 | 0 |
| 1 | 0 | 0 |
| 1 | 1 | 1 |

さらに，図 3.2 の⑤の OR 演算について考えましょう。入力は上の $Y_1$ と $Y_2$ ですから，真理値表は表 3.7 となります。

最後に，上の 5 つの真理値表をまとめましょう。表 3.8 に入力 A，B から出力 S を得るところまでを表します。表 3.8 と表 3.3〜表 3.7 をよく見比べて考えてください。表 3.7（⑤の OR）の $Y_1 = 1$，$Y_2 = 1$ の組合せは出番がありませんでした。なお，自分で計算するときは，最初から表 3.8 のように書いて OK ですよ。ここでは説明のために，チョーがつくくらい回りくど〜く書いています。

図 3.2 の⑥の AND がほったらかしでしたが，A と B の AND ですので，結果は自明ですね。それでは，仕上げに S と C の論理演算について，真理値表を書いてみましょう（表 3.9）。

**表 3.7** ⑤の OR 演算

| 入力 | | 出力 |
|---|---|---|
| $Y_1$ | $Y_2$ | $S = Y_1 + Y_2$ |
| 0 | 0 | 0 |
| 0 | 1 | 1 |
| 1 | 0 | 1 |
| 1 | 1 | 1 |

**表 3.8** 入力から出力まで全体の真理値表

| 入力 | | ① | ② | ③ | ④ | 出力（⑤） |
|---|---|---|---|---|---|---|
| A | B | $\bar{A}$ | $\bar{B}$ | $Y_1$ | $Y_2$ | S |
| 0 | 0 | 1 | 1 | 0 | 0 | 0 |
| 0 | 1 | 1 | 0 | 0 | 1 | 1 |
| 1 | 0 | 0 | 1 | 1 | 0 | 1 |
| 1 | 1 | 0 | 0 | 0 | 0 | 0 |

**表 3.9** 1 bit の加算の真理値表

| 入力 | | 出力 | |
|---|---|---|---|
| A | B | C | S |
| 0 | 0 | 0 | 0 |
| 0 | 1 | 0 | 1 |
| 1 | 0 | 0 | 1 |
| 1 | 1 | 1 | 0 |

　　ここで，1 bit の足し算のことを思い出しましょう。1 bit の足し算は，次のように表されるのでした。あえて計算の答えを 2 bit で表します。

$$0 + 0 = 00$$
$$0 + 1 = 01$$
$$1 + 0 = 01$$
$$1 + 1 = 10$$

上の真理値表と見比べてみてください。答えの上位ビットが C，下位ビットが S と完全に一致しています。これで図 3.2 の論理演算が 1 bit の加算であることが確認できました。

　　図 3.2 の回路をもとに，8 bit や 16 bit の加算を行う論理演算を作ることができます。また，乗算や除算を行う論理演算も作ることができます。本書では，これ以上深入りしませんが，関心のある人は下のキーワードを調べてみるとよいでしょう。

　　**キーワード：ブール代数，組合せ論理回路，フリップフロップ，順序回路**

### 3.2.3　ビット演算

　　ビット演算は数 bit の 2 進数に対する論理演算と考えてください。ビット演算ではそれぞれのビットで個別に論理演算が行われます。以下にビット演算の例を紹介しますので，表 3.2 と見比べながら確かめてみてください。

| 例) | | | | | |
|---|---|---|---|---|---|
| | NOT　01000110 | | 　00011101 | | 　01110001 |
| | ＝　　10111001 | AND | 00001111 | OR | 11001100 |
| | | ＝ | 00001101 | ＝ | 11111101 |

---

**【課題 3.6】**　次のビット演算を行いなさい。ただし，答えは 8 bit で表すこと。
$$((( \text{NOT } 10010001)\ \text{OR }10101010\ )\ \text{AND }11110000\ )$$

---

## 参考文献

[1]　新保利和，松尾守之著，「電子計算機概論 第 2 版」，森北出版，1998 年

[2]　岡部洋一著，「コンピュータの仕組み」放送大学教育振興会，2008 年

# 4 コンピュータの基礎
## 〜情報端末の正体見たり！

　「コンピュータの内部は2進数で処理されている」という話を，耳にタコができるくらい聞いたことでしょう。この章ではその理由にお答えして，コンピュータのハードウェア（装置の部分），ソフトウェア（OSやアプリケーションの部分）について説明しましょう。

## 4.1　2進数がコンピュータで使われる理由〜効率的・間違いにくい・シンプル

### 4.1.1　2進数が効率的〜3進数では厳しいんじゃ！

　私たちが日常よく使うのは10進数ですね。では，なぜ2進数なのでしょうか？その理由を一言で言ってしまえば，数値を効率よく表現でき，信号を伝えるときに間違いにくく，計算や信号の処理が回路で簡単・確実に実現できるからです。2進数は0と1しかありませんから，例えば，電球が点灯していれば「1」，点灯していなければ「0」と決めておけば，何個かの電球を並べておいて点滅させることで，図4.1のように，2進数の数字を表すことができます。シンプルなルールですね。3進数や4進数だと，図4.1よりも効率の悪いルールでしか，表せないということがあり，2進数の方が数字を表すうえで効率がよいとされています。無理して，明るさを何段階かで表現する，という技に頼れば3進数，4進数もできるでしょうが，間違いやすくなりますので，実用の面から見てどうでしょう？

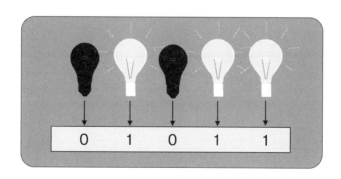

図 4.1　2進数がなぜ便利？

### 4.1.2　2 進数で表した方が間違いにくい〜白黒ハッキリ

「間違いにくい」という性質について考えてみましょう。実際に，2 進数の信号をある装置（例えば CPU）から別の装置（例えばメモリなど）に伝えるには，電線が必要になります。電線の電圧の高い低いによって，0，1 の数字を表します（例えば，電圧 2.5 V 未満を「0」，2.5 V 以上を「1」と決めておく）。今送りたい 0，1 の信号が図 4.2 のようなグラフで表されたとしましょう。図 4.2 の縦軸は信号（電圧（voltage），単位はボルト（volt）），横軸は時間です。あらかじめ決めた時間内で信号の大きさは一定とします。この「時間内」というのは，図では誇張して書いていますが，実際にはマイクロセカンド（100 万分の 1 秒）とか，ナノセカンド（10 億分の 1 秒）という，とてつもなく短い時間です。

図 4.2 のような信号が通信路を通ると，図 4.3 のようになります。これは送信された信号が電線や空気中を通過する間に，様々な電気的な雑音（ノイズ）がのってしまうからです。

雑音の原因はいろいろですが，まわりの電子回路の電線や，外を飛び回っている電波などに影響されることが考えられます。電波で遠くの相手と通信しようとすると，ノイズの影響がさらに大きくなります。例えば，携帯電話と基地局の間の通信を考えるとわかりやすいでしょう。とにかく，このギザギザした信号を受け手が受け取ります。

受け手側では，0 か 1 しか送られてこないことがわかっているわけですから，例えば，0.5 を境目として，0.5 以下なら 0 とみなして，0.5 より大きければ 1 とみなすことにします。すると，図 4.4 の太線のように，ギザギザの信号はもと通りのきれいなグラフに戻りました。図 4.2 と見比べて確認してください。ちゃんと受け取った信号は送った信号と一致していることがわかります。みなさんはつい「当たり前じゃないか！」と思ってしまうかもしれませんが，現実には，当たり前にするための「かくれた苦労」があるのです。（本書では簡単のため，境目（閾値（しきいち，いきち））を 1 つにしましたが，実際の回路では，「0.5 V 以下を 0，4.5 V 以上を 1」という感じで，0 と 1 について個別に閾値を設けます）

今見たように，2 進数ではうまくいきました。ならば 10 進数ではどうでしょう？境界線が 9 本に増えてしまいます。上のケースと同じように考えてみてください。ノ

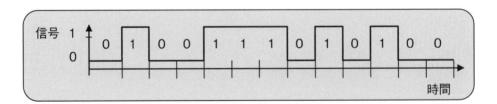

図 4.2　送信した「0」，「1」の数字

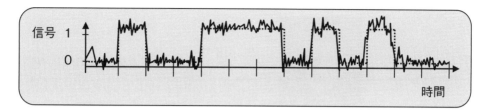

図 4.3 電線などを通過している「0」,「1」の数字

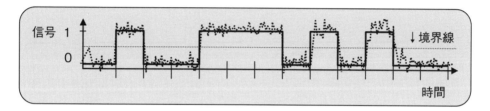

図 4.4 受信した数字

イズが大きくなると, 送信側と受信側で, 一致しないケースが想像できると思います。2 進数の信号の方が 10 進数の信号より便利で安心というわけです。

### 4.1.3 2進数なら計算をシンプルに表現〜論理演算のカタマリ

次に,「計算や処理が簡単に実現できる」ということを説明しましょう。普通, 計算するときには, $x + y$ とか, $xyz$ という具合に, 2 つ以上の項を入力して, 1 つの計算結果として出力を得ます。2 進数の場合も基本は同じです。2 進数の場合, 論理演算（3.2.2 節）で実現することができます。図 4.5 のように, 入力と出力の関係がすべて決まっていれば, 図中のブラックボックスの中で行われる論理演算を設計することができます（図 4.5 のケースでは, 3 つの入力がありますから, 入力値の数字のパターンは $2^3 = 8$ 通りです）。また, うまい設計をすれば, 結構シンプルな論理演算で実現できる点がオイシイところです。具体的な設計方法については専門書をご覧ください。

このように便利な 2 進数ではありますが, 論理演算に関連して次の特徴があります。2 進数 1 桁の数字を送るのに 1 本の電線が必要になります。何桁もの 2 進数を同時に送ろうとすると, その桁数の分だけ並列に電線を設けなくてはならないのです。例えば, 10 進数で 215 という数字を扱う場合, 10 進数なら 3 桁で表すことができますが, 2 進数で表すと, 11010111 となり, 8 桁も必要です。つまり, 2 進数表示の 215 を並列に送るには, 8 本の電線が必要というわけです。もちろん, 1 本の電線で 1bit ずつ順番通りに送ってもいいんですけどね。電波で遠くの相手と 2 進数の通信をするとき, ちょっとだけ間違いが起きますが, これも技術的な工夫によって十分に防ぐことができるので大丈夫です。

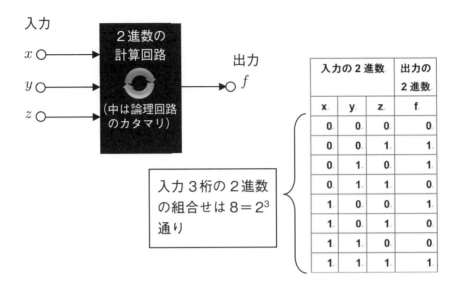

図 **4.5**　2 進数の計算・処理は入出力の関係から設計可能

## **4.2** コンピュータを構成する基本装置〜ハードは堅いんじゃ！

　コンピュータは一般にハードウェアとソフトウェアから構成されています。ハードウェア（hardware）は，IC をはじめとする回路などの装置をさします。ソフトウェア（software）は，ハードウェアを利用するためのプログラムやデータなどをさします。この節では，コンピュータシステムの基本構成について勉強します。基本的に図 4.6 にあげる 7 つの要素に分類することができます。特に，図中の①〜⑤の基本要素は **5 大要素**といって，パソコン以外のコンピュータシステムでも共通です [1]。この基本構成はしっかり理解しておきましょう。例ではおもにパソコンで見られる装置をあげています。もちろん，この例以外の装置もあります。

### (1)　制御装置
　制御装置（control unit）は，主記憶装置に記憶されたプログラムやデータを読み込んで（図 4.6 の太い矢印），どのような処理を行うのか解読し，他の装置に信号を送って，必要な動作を指示します（図 4.6 の細線の矢印）。

### (2)　演算装置
　演算装置（Arithmetic and Logic Unit; ALU，算術論理演算装置）は，2 進数の加減乗除や論理演算などの計算を行います。制御装置と演算装置はコンピュータの中枢として働きます。この 2 つの装置を 1 つのセットにして，特に **CPU**（Central Processing Unit; 中央処理装置）とよびます。具体的な CPU の構成については，本書のレベルを超えるので省略しますが，処理の流れは図 4.7 のようになります。

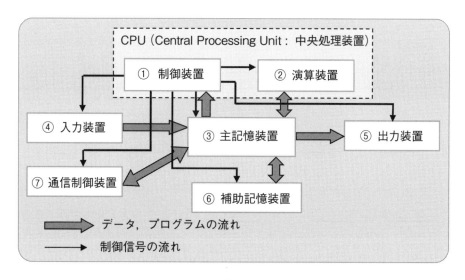

図 4.6　コンピュータの基本構成

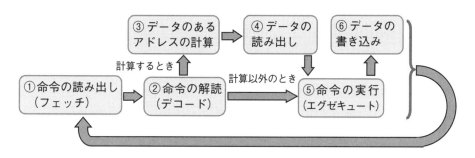

図 4.7　CPU の処理の流れ

　プログラムが主記憶装置に記憶されていて，1 行ずつ命令を読み出して（フェッチ），解読（デコード），実行（エグゼキュート），書き込み（ライトバック）を行い，プログラムが尽きるまで，延々繰り返すって話なんです。命令って言っても，私たちがパソコンを使う時のイメージからはかなりかけ離れたものです。正直言って，とてつもなく地味ですよ。例えば，

- ある変数に 1 を足して
- 計算した数字を主記憶装置の指定した場所（アドレス）に覚えさせて
- 主記憶装置の指定した場所で覚えている数字を変数に代入して

といった感じです。ワープロソフトの操作のような，「『▼▼▼…』という文章を，第 2 段落に挿入する」とか「ファイルを上書きする」とか，いうものからは想像もつかないくらい無味乾燥な内容ですね。ですが，CPU で実行される命令というのはこんなもんなんですよ。

　むかし昔，制御装置と演算装置は別個の半導体部品として作られていましたが，半導体技術の進展のおかげで，今では1個の半導体部品で両方の機能をカバーできるようになりました。この部品を**マイクロプロセッサ**（microprocessor）とよび，CPUと同じ意味で使われるようになりました。パソコンの広告で，「CPUは○○社製△△△（クロック周波数□□GHz）です！」と書かれているのを目にします。この「クロック周波数」がCPUの処理スピードの目安です。例えば，1GHzのCPUであれば，1秒間に1億回（$10^9$回）の処理ができます。あとCPUの性能の目安としては「コア数」があげられます。2020年現在，1個のCPUの中にいくつものプロセッサ（コア）が入っているものが広く使われるようになっています。このようなものを**マルチコア**（multiple core）といいます。CPUが2つ入っているものを**デュアルコア**（dual core），4つ入っているものを**クアッドコア**（quad core）といいます。イメージ的には，1人の中に何人分もの脳みそが入っていて…　ホラーみたいになってきました…。

### (3) 主記憶装置

　主記憶装置（main memory）は，すぐに使うプログラムやデータを記憶する場所です。もちろん，プログラムもデータもすべて2進数で記憶しています。イメージとしては，「番号のついた棚」といったところでしょうか。イメージと実像を対比させてみましょう。主記憶装置は図4.8の右側の図のように，数値を記憶する場所**アドレス**（address）と**記憶内容**（2進数）が多数集まって構成されます。2進数で書くと桁数が多くなって面倒なので，ちょっとズボラして16進数で書いています。アドレスは**番地**でよばれ，0番地を先頭に，1番地，2番地，3番地，…と番号づけされています。実は，これは棚の段数を数えているのと同じことです。

　　例）　メモリ（ROM（Read Only Memory），RAM（Random Access Memory））
　　　　など

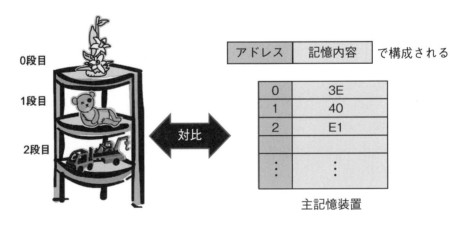

図 **4.8**　主記憶装置の概念とイメージ

### (4) 入力装置

入力装置 (input device) は，私たちが用意したプログラムやデータをコンピュータに入力する装置です。

例）キーボード，マウス，タッチパネル，ペンタブレット，イメージスキャナ，IC カードリーダなど

### (5) 出力装置

出力装置 (output device) は，プログラムやデータ，演算結果などを私たちに見えるように，表示したり印刷したりする装置です。

例）ディスプレイ，レーザプリンタ，3D プリンタ，スピーカなど

### (6) 補助記憶装置

補助記憶装置 (secondary memory device) は，主記憶装置を補助して記憶する装置で，プログラムやデータなどのうち，今すぐには使わないものや保存するものを記憶します。保存する媒体としては，記憶内容を，電気信号 1 つで簡単に書き換えられるソリッドステートドライブや，レーザ光で書き換える CD-RW や DVD-RW などの装置などがあります。

例）ソリッドステートドライブ (Solid State Drive; SSD)，ハードディスク (Hard Disk Device; HDD)，CD-R，DVD-R，DVD-RAM，USB フラッシュメモリなど

### (7) 通信制御装置

通信制御装置 (communication control unit) は，コンピュータをネットワークに接続して，他のコンピュータと通信を行います。LAN（5.2 節）に接続して通信を行う装置（LAN カード）があります。

例）LAN カード，DSU（加入者回線終端装置），モデムなど

CPU と主記憶装置を除いた要素をまとめて周辺装置 (peripheral unit) といいます。

ここで 1 つだけみなさんに白状しましょう。上で紹介した装置の例はほとんどがパソコンのものですが，図 4.6 の構成は何もパソコンに限りません。一例をあげますと，以下のようなものがあります。

- TV ゲーム
- スマートフォン
- DVD レコーダー
- 地デジ TV
- 電子レンジ
- エアコン
- POS（商品管理の機器）
- 自動車（今はコンピュータ制御）など

何が入力装置で，何が出力装置か，想像してみてください。きっと納得がいくことでしょう。ちなみに，これらの製品では組み込みコンピュータ（2.1.6 節）とよばれるものが入っています。

## 4.3 コンピュータを支えるソフトウェア〜仏作って魂入れる

　ソフトウェアは主として，コンピュータを動かす手順（プログラム）のことを示します（「主として」などと書いたのは，ソフトウェアの範囲は意外なほど広いからです。「ハードウェア以外はソフトウェアだ」という捉え方もあるくらいです）。ソフトウェアがなくては，せっかくのコンピュータも役に立たない，ただの箱にすぎません。ソフトウェアが動いて，はじめてコンピュータが役立つ道具になるのです。ソフトウェアはその機能によって分類すると，表4.1のようになります（専門家によっては基本ソフトウェアとアプリケーションソフトだけに分類する場合もあります）。

　この節では，表4.1の中から，オペレーティングシステム，アプリケーションソフトウェア，プログラム開発環境について説明していきましょう。

### 4.3.1 オペレーティングシステム〜情報システムの屋台骨

　オペレーティングシステム（Operating System; OS）は，コンピュータを管理し，快適に利用する環境を提供するソフトウェアです。つまり，

- コンピュータがもっているハードウェア（基本要素の装置（4.2節），プリンタ，スキャナなど）とソフトウェアやデータ（他のソフトが共通で利用するもの）を効率よく利用できるように管理・操作する。
- 複雑なコンピュータのハードウェアを使いやすくするための基本的なインタフェースを提供する（メーカや種類に関係なく，様々なハードウェアを簡単に利用できるように，必要な情報のやり取りをするための窓口をOSが用意しているということです）。

　このように，私たちが仕事をしやすくできるように，コンピュータの中身（ハードウ

表 4.1　ソフトウェアの機能別分類

| システムソフトウェア（system software） | | |
|---|---|---|
| | ファームウェア（farmware） | |
| | | BĪOS（Basic Input/Output System） |
| | 基本ソフトウェア（basic software, fundamental software） | |
| | | オペレーティングシステム（Operating System; OS） |
| | | ミドルウェア（middleware） |
| | | プログラム開発環境（言語コンパイラを含む） |
| アプリケーションソフトウェア（application software） | | |
| | ワープロ，表計算，プレゼンテーション，電子メール，セキュリティソフトなど | |
| | ユーティリティソフト（utility software） | |

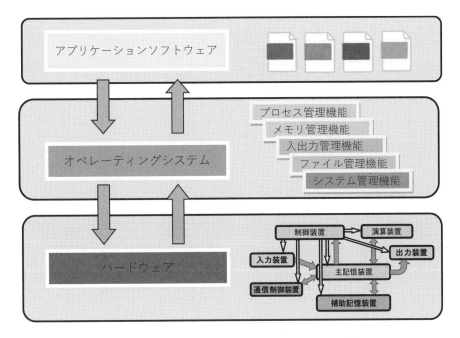

**図 4.9** オペレーティングシステムの位置づけと役割

ェア）を効率的に管理・運用するために作られました。いわば，OS は縁の下の力持ち
ですね。

OS の位置づけとおもな管理機能を図 4.9 に示します。

図 4.9 のように，OS はアプリケーションソフトとハードウェアの中間に位置し，大
きく以下の 5 つの管理機能を備えています [4]。

- プロセス管理機能
- メモリ管理機能
- 入出力管理機能
- ファイル管理機能
- システム管理機能

以下では，それぞれの機能を説明します。

### (1) プロセス管理

**プロセス管理**（process management）は，CPU の能力を効率的に使うために，処
理する内容と実行順序を管理します。いくつかのプログラムが並行して動作することを
**マルチタスク**（multi task）といい，それぞれの実行中のプログラムを**プロセス**（pro-
cess）といいます。プロセスは図 4.10 のように，3 つの状態の間を行ったり来たりし
て実行されます。CPU が 1 つのプログラムを実行開始すると，プロセスが生成されま
す。プロセスは生成されると**実行可能状態**になり，CPU 上で実行されるのを待つ状態
になります。一般に，実行可能状態のプロセスは 1 つではなく，複数あるため（Win-

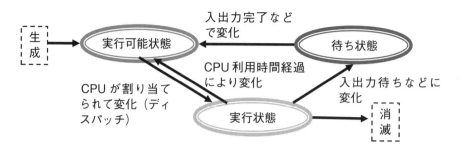

図 **4.10**　プロセスの状態変化

dows であればタスクマネージャを見るとよいでしょう），**スケジューラ**（scheduler）
が実行順序を決めてプロセスをその順序通りに並べます。実行の順番が回ってきたら，
プロセスは実行可能状態から**実行状態**に移ります。実行中のプロセスが入出力操作を行
うときなど，操作の完了を待つ必要が出たら，実行状態から**待ち状態**に変化します。入
出力の操作が完了したら，プロセスは次の処理を実行する準備ができたことになります
ので，待ち状態から実行可能状態に移ります。

　プロセス管理の様子を，もう少し具体的な例で説明しましょう。図 4.11 に，2 つの
プロセスが並行して走っている場合のプロセス管理のイメージを示します。プロセス
の処理の都合で途中経過のデータなどを，入出力を通して，出し入れする必要がありま
す。その間（図中の「入出力待ちによる待ち状態に」～「実行可能状態に」）CPU は
ヒマになってしまいます。というのも，制御装置は入出力装置に指令を出すと（図中
の「入出力管理」），入出力装置の仕事が終わったか CPU の利用時間が経過したサイン
（図中の「割込み」）を受け取るまで仕事がありません。また，演算装置にも仕事はあり

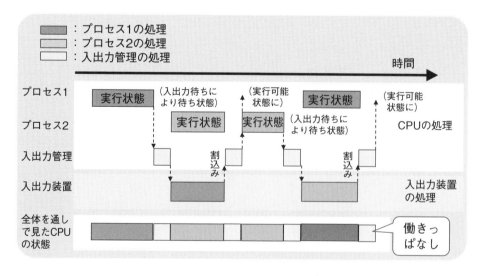

図 **4.11**　プロセス管理の概念

ません。つまり CPU 全体としては何も仕事がないのです。

CPU は入出力装置と比べて，ものすごく処理スピードが速いので，入出力の間に CPU に何も処理をさせないのは非効率的で大変もったいない話です。そこで，このような，CPU の処理の合間ができたら，他のプロセスを並行して実行させることによって，CPU に効率的により多くの処理をさせようと考えるわけです。CPU の処理内容のスケジュールを管理することによって，あるプログラムが入出力の仕事に入ったら（CPU はヒマになるので），別のプロセスの計算の仕事を CPU にさせるようにすれば，CPU はほとんど常に働かせ続けることができます。このように，CPU を「仕事のない時間を少なくする」＝「無駄を減らす」＝「効率化する」ことこそが，プロセス管理の仕事なのです。プロセス管理は別名，**タスク管理**（task management）ともいいます。どなたです？　ブラック○○などと言ったのは！？

キーワード：ディスパッチャ（dispatcher），スレッド（thread）

## (2) メモリ管理

4.2 節で説明したように，プログラムや計算途中の数字は主記憶装置に書き込んで，記憶させておかないといけません。また，プロセス管理のところで紹介したように，コンピュータは CPU に効率的な処理をさせるために，いくつかのプロセスを並行して動作させています。このとき，主記憶装置の「どこに何を記憶させておくか」ということを指定しなければなりません。そうでないと，図 4.11 の例でいえば，プロセス 1 のプログラムがどこに記憶されているのか，プロセス 2 の計算途中の数値をどこに記憶しておけばよいのか，わからなくなってしまいます。プロセス 1 の計算値をプロセス 2 のプログラムの記憶場所と同じ場所に記憶してしまったら，プロセス 2 が実行できなくなって大変です（記憶内容が書き換わって，前のデータが消えるから）。

このようなことを防ぐために，記憶場所をきちんと管理する，いわば「駐車場整理」をする役割が必要です。これを行って主記憶装置の使用効率を高めるのが**メモリ管理**（memory management）です。図 4.12 のように，メモリ管理によって，実行中のプロセスごとに記憶場所を割り当てることを**メモリアロケーション**（memory allocation）といいます。

本来は主記憶装置だけですべてのプロセスの情報を記憶できればよいのですが，そうはいかないこともあります。そこで，図 4.13 のように，主記憶装置と補助記憶装置がペアになって，全プロセスの記憶場所をまかないます。その仕組みを**仮想記憶**（virtual memory）といいます。仮想記憶は，プログラムやデータなどのプロセス実行に必要なすべてのデータを補助記憶装置に置いておきます。「すぐに実行する（つまり実行可能状態の）プロセス」や「今実行する（つまり実行状態の）プロセス」のプログラムやデータを主記憶装置に移して実行させます。私たちは，この操作を意識することはまったくありません。

キーワード：ページング，セグメンテーション

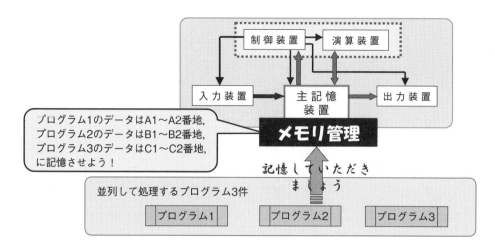

図 **4.12**　メモリ管理の概念

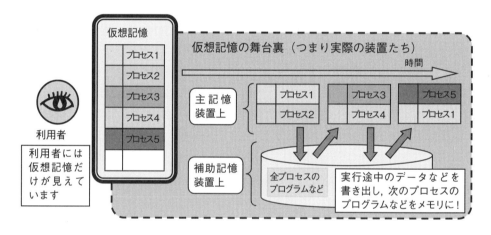

図 **4.13**　仮想記憶の概念

**(3)　入出力管理**

　図 4.11 のように，いくつものプロセスを並行して実行していると，一組の入出力装置に対して，それぞれのプロセスから，山のように，しかも入出力装置の都合はお構いなしに，入出力の仕事がふってきます。1 つの入出力装置が同時にこなすことができる処理はもちろん常に 1 つです。そこで，図 4.14 のように，ここでも入出力装置が行う仕事の順番を並べて，決めた順序通りに仕事の内容を入出力装置に伝え，その動作を管理する必要があります。このような仕事を行うのが**入出力管理**（input/output management）です。

　仕事の要求がいくつも並行してきた場合，仕事の順番を一定のルールに従って決めな

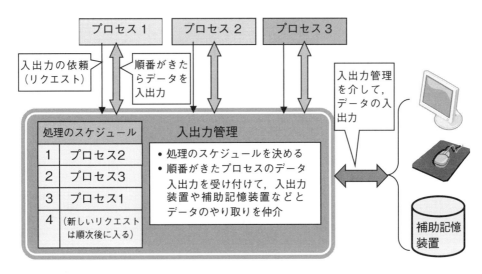

図 4.14 入出力管理の概念

ければなりません。そのルールとしてはいくつか考えられますが，依頼された順に従って処理するというものがあります。これをコンピュータ屋さんの専門用語でいいますと**FIFO**（First In First Out，先入れ先出し）といいます。

キーワード：LILO，LIFO

### (4) ファイル管理

一般に，プログラムやデータは補助記憶装置に記憶されています（4.2 節）。そのとき，関係あるプログラム，あるいはデータをひとまとめにして記憶します。これを**ファイル**（file）といいます。**ファイル管理**（file management）は，図 4.15 のように，補助記憶装置上のファイルの記憶場所を一元的に管理し，用途に合わせた入出力に対応します。もちろん新しいファイルができれば，その記憶場所もファイル管理によって管理されます。直観的には Windows の Explorer をイメージすると理解しやすいでしょう。

ファイル管理の仕事は大きく以下の 3 つに大別できます。

- ファイルがどこにあるかつきとめる機能
- ファイルを新規に編成し，データを読み込み，書き出し，更新し，追加する機能
- 補助記憶装置上の使用状況（記憶しているファイルの個数や容量など）を管理し，ファイルの記憶する場所を確保したり，拡張したりする機能

一般的には，ファイル管理の方法はオペレーティングシステムによって異なるのですが，代表的なものを表 4.2 に紹介しておきます。

### (5) システム管理

**システム管理**（system management）は，コンピュータシステム全体の動きを統合

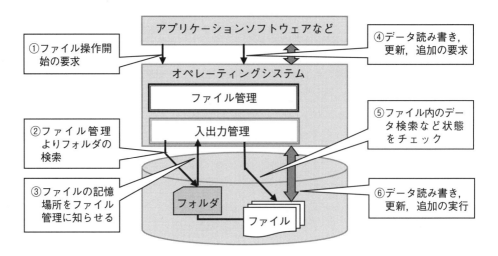

図 **4.15** ファイル管理の概念

表 **4.2** ファイル構造の例

| 名　称 | 概要，特徴 |
|---|---|
| **FAT** | MS-DOS で使われたファイルシステム。クラスタとよばれる固定長ブロック（「一定のビット数をひと固まりとして」の意）で管理する。クラスタは FAT（File Allocation Table）という表の上でリスト化され管理される |
| **NTFS** | Windows で使われているファイルシステムで，ファイル，フォルダを特殊なツリー構造（トーナメント表のイメージ）を用いて階層的に索引を構成して管理する |
| **UFS，EXT2** | UNIX，Linux で使われているファイルシステムで，フォルダ（ディレクトリとよばれることが多い）の階層構造を柔軟に管理できる。NTFSとは異なる索引を用いて管理している（間接索引） |

的に管理するために行われるものです。コンピュータが快適に利用できる状態にあるか，何かトラブルが起こっていないかを管理します。システム管理のおもな仕事は以下の通りです。

- システムの運転状況の監視と記録（正しくコンピュータが処理を行っているかを監視し，その概要を記録する）
- 障害の検出，診断，異常処理（処理の続行不能，ルール違反の処理を見つける）
- 障害に対するバックアップ（異常発生「直前」のコンピュータのデータを記録しておく）
- 利用者の利用状況の把握（どの利用者が，どの権限で，どんな仕事をしているか）

　キーワード：冗長化，デュプレックスシステム（duplex system），デュアルシステム（dual system）

　　オペレーティングシステム（OS）の例としては，UNIX，MS-DOS，Windows，Mac OS，iOS，Android，Firefox OS，Linux，組み込み Linux などがあります。コンピュータをどんな目的（仕事？　勉強？　ホビー？）で，どんな環境（個人？　会社や学校のネットワークの中？）で使うかによって，適しているオペレーティングシステムが変わってきます。また，どんなコンピュータ（デスクトップパソコン？　ノートパソコン？　組み込みシステム？）を使うかによっても変わってきます。

### 4.3.2　アプリケーションソフトウェア〜「アプリ」とよばれて幾星霜

　　アプリケーションソフトウェア（application software）は，
- 文書を編集する
- 表計算を行い，グラフを作成する
- Web ページを閲覧する
- CG を描く
- メッセージ（音声や文字など）の通信をする
- クラウドのサービスに接続する

などのように，具体的な仕事をするために用意されたソフトウェアです。

　　市販のパソコンのソフトやスマートフォンのアプリをダウンロードしてインストールしていることでしょう。むかし昔，パソコンのソフトといえば，CD-ROM や DVD-ROM などのメディアからインストールするソフトばかりだったんですが，最近はライセンスを購入して，ソフトウェアベンダのサイトからダウンロードして，インストールするというケースが増えてきています。中には Microsoft 365 のように，年間ライセンスのものもあります。

　　すでにご存じのように，アプリケーションソフトウェアには実に多くの種類があります。オペレーティングシステムと同様に，使う目的に合わせて，十分に考えて選ぶ必要があります。とりわけ市販されているソフトウェアは高価なものが多いですから。あ，間違っても違法コピーはダメですからね！

　　最近，これらのアプリケーションソフトウェアに加えて，Web ページを介して仕事を行うためのアプリケーション（Web アプリケーション）が増えています（8.3 節）。SNS，ミニブログ，ブログ，オンラインショッピング，学習管理など，私たちの日常にかかわるものから，企業・団体の支出や収入の計算などの事務業務（基幹系業務といいます）のものまで様々です。

　　ソフトウェアにコストをかけるのを避けたい人には，フリーウェアか（無償の意味での）フリーソフトウェアを利用する手もあります（11.2 節）。このようなソフトウェアには，オフィス系ソフトや絵を描くソフトもあります。もちろん，ブラウザやメールクライアントソフトについても同様のものが出回っています。

### 4.3.3 プログラム開発環境～ソフトウェア作りの舞台

　コンピュータが実際に処理する際には，2 進数のプログラムを読み込みますが（4.2
節），私たち人間はそれを見ても，何の処理なのかさっぱりわかりません。このような
プログラムで使われている 2 進数の組み合わせを**機械語**（machine language）といい
ます。機械語も言葉ですので，当然文法をもっています。ただ人間が直接読んでも理解
できないだけです。プロなら理解しそうですが…。

　こんな中でアプリケーションソフトウェアやオペレーティングシステムを作ろうと思
うと，「人間が理解できる表現（言葉）でプログラムが書きたい！」と考えるのが人情
というものです。ここで使われるのが**プログラミング言語**（programming language）
で，様々な計算や処理を書くのに必要な文法が作られました。

　プログラミング言語で書かれたプログラムを，コンピュータが直接解釈・実行するた
めに，機械語に翻訳しなければなりません。このツールとして**コンパイラ**（compiler），
**アセンブラ**（assembler），**インタプリタ**（interpreter）があります。

　一般的なプログラムの開発では，仕事の具体的方法や結果の示し方など詳細にわた
って仕様を決めたうえで（7 章），プログラミング言語によって書きます。プログラ
ムをコンパイラなどで機械語に翻訳します。次に，実行するうえで問題がないか，決
められた仕様通りに動作するかをテストして，問題があればそれを修正する**デバッグ**

表 4.3　プログラミング言語の分類とその例

| 高水準言語 （high level language） | |
|---|---|
| **FORTRAN** | 科学技術関連の数学系の計算に利用されている。世界初の高水準言語 |
| **COBOL** | 事務処理システムの開発で利用されている。データの整列や帳票作成などの機能をもつ |
| **Ruby** | オブジェクト指向（データとそれを操作する手続きをまとめたカタマリを組み合わせる考え方）プログラミング言語 |
| **Java** | オブジェクト指向プログラミング言語 |
| **C**（略称ではありません） | 基本ソフトウェアのプログラミングが可能なシステム記述言語の一種。派生の言語が多い |
| **Python** | 簡潔，読みやすさを特徴とするスクリプト言語。他の言語との連携機能が充実 |
| **SQL** | データの操作や定義を行うためのデータベース言語 |
| 低水準言語 （low level language） | |
| アセンブリ言語 | 機械語と 1 対 1 の対応関係をもつ言語で，命令や主記憶装置の記憶場所の指定に英数字の表意記号（mnemonic code）を使用 |

表 4.4　コンパイラ，アセンブラ，インタプリタの比較

| 名　称 | 機能・特徴 |
|---|---|
| コンパイラ | 高水準言語向けの翻訳ツールであり，プログラミング言語で書かれたプログラム全体を一括して機械語プログラムに変換する。インタプリタに比べてプログラムの実行速度を高めやすい |
| アセンブラ | アセンブリ言語専用の変換ツール。アセンブリ言語のプログラムから機械語に変換する |
| インタプリタ | プログラミング言語で書かれたプログラムを 1 行ずつ機械語に解釈して実行する。BASIC やスクリプト言語にて用いられる。実行速度はコンパイラに比べて劣るが，実行開始までの時間が短く，誤りなどがあった場合に詳細な情報を提供できる |

（debug）という作業を行います。プログラム開発環境では，機械語への翻訳やデバッグなどのソフトウェアが用意されており，開発の仕事を助けてくれます。

　最後に，参考のためにプログラミング言語の種類を表 4.3 に示します。合わせてコンパイラ，アセンブラとインタプリタの特徴を表 4.4 に示します。これらの表は「こんなものがあるのかぁ」と眺める程度で OK です。

## 参考文献

[1]　曽根悟，小谷誠，向殿政男監修，「コンパクト版 図解 電気の大百科」，オーム社，1996 年

[2]　浦昭二，市川照久編，「情報処理システム入門 第 3 版」，サイエンス社，2006 年

[3]　川合慧監修，川村一樹編著，「情報とコンピューティング」，オーム社，2004 年

[4]　情報処理学会編，「エンサイクロペディア情報処理 改訂 4 版」，オーム社，2002 年

# 5 ネットワークの基礎
## ～世界をつなげる舞台裏

　パソコンに限らず，スマートフォン，ポータブルゲーム，タブレットなどの情報端末はインターネットなどのネットワーク環境の中で，最大限に性能を発揮することができます。インターネットが，私たちの日常生活にとって，大切な社会インフラであることは当たり前なわけですが，ここで立ち止まって考えてみましょう。

✔ インターネットはどのような仕組みになっているのでしょうか？

✔ なぜ私たちは一瞬で世界中のコンピュータと通信できるのでしょうか？

この章では，この疑問について考えてみましょう。また，ネットワークを基礎とする技術，クラウドコンピューティングについても簡単に説明します。

## 5.1 コンピュータのネットワーク～情報や装置をみんなで共有

　インターネットの話に入る前段階として，ネットワーク（network）について説明します。そもそもコンピュータはネットワークに接続せずとも（このような状態を**スタンドアロン**（stand-alone）といいます），1台で様々な情報を処理することができます。例えば，イラストを描いたり，動画や音楽の編集をしたり，文章を書いたり，表計算をしたり，といったことができます。他の使い方もあるでしょう。

1台でも結構
いろいろできるけど…

　ですが，処理すべき元の情報はどのようにして集めればよいのでしょう？　また，1台のコンピュータでは処理しきれないほどの膨大なデータ量をもち，かつ複雑な計算（例えば，世界の気象変動といったレベルの計算）はどうやって行ったらよいのでしょう？　また大きな用紙への印刷（例えば，A0 サイズ紙への出力）は？

　この疑問への答えは，私たちの日常生活から類推することができます。1人では困難な仕事でも，何人かのグループで協働して仕事をすれば成し遂げることができますね。図 5.1(a) のように，チームの中で，個々人のスキルに応じて，うまく仕事を分担すれば処理できることに気づくでしょう。もう答えは見えてきましたね。

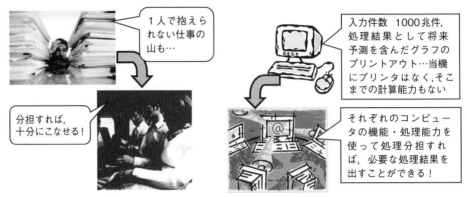

     (a)　人間の場合　                  (b)　コンピュータの場合

**図 5.1**　ネットワーク化の意義（人とコンピュータを比べて）

**表 5.1**　コンピュータネットワーク構築の目的

| 項　目 | 概　要 |
|---|---|
| コンピュータ間の通信手段の提供 | ネットワーク化することで，その中のどのコンピュータ間でも通信できるようになる |
| コンピュータ資源の共有 | ハードウェア資源（計算能力，記憶能力，入出力装置など）とソフトウェア資源（プログラムやデータ）をネットワーク内のコンピュータで共有することができる |
| 分散処理の実現 | 数多くのコンピュータを 1 つの情報処理システムとして扱うことができる「分散処理」を可能にする |
| 人間の通信媒体の提供 | インターネットの拡大によって世界中のコンピュータ間で通信が可能になっている。特に，電子メールはビジネスから日常生活に至る様々な場面で利用されている |

　1 台のコンピュータで処理しきれないなら，図 5.1(b) のように，何台ものコンピュータが一緒になって処理すればよいのです。特殊かつ複雑な計算や，プリンタ出力など，得意分野をもったコンピュータに処理を依頼すればよいのです。これらを実現するために，コンピュータ同士を通信回線で接続して，お互いにデータ通信を行うネットワークが作られました。これによって，コンピュータ間で情報交換したり，協同で（みんなで少しずつ分担して）計算を行ったり，スーパーコンピュータ（複雑な計算が得意な大型コンピュータ）を共同で利用できるようになりました。このように，コンピュータ同士がネットワークで接続されることによって，コンピュータ 1 台 1 台が個別に情報処理するよりも，ネットワーク全体で格段に高い処理能力を発揮できるようになったのです。クラウドコンピューティングの世界はこの延長線上にあります（といっても，相当延長しまくったトコロの話ですけど）。

　この説明をもう少し個別に整理すると，ネットワーク構築の目的は表 5.1 のようにまとめることができます。

## 5.2 ローカル・エリア・ネットワーク～ 一番基本のネットワーク

コンピュータネットワークの代表として，ローカル・エリア・ネットワークを紹介しましょう。**ローカル・エリア・ネットワーク**（Local Area Network; **LAN**）はある限られた地域内（数 km² 程度の規模。大学キャンパス，オフィスビル，工場，倉庫，ホテルなど）に分散して配置されている資源，例えば，

- コンピュータ（スーパーコンピュータを含む）
- 端末（例：自動証明書発行機）
- データベース（大量のデータを蓄積・活用するためのシステム）
- ネットワークプリンタ
- ネットワーク装置（5.2.2 節）

などを高速で結んだネットワークです。

ローカル・エリア・ネットワークでは，もちろんどのメーカの機器でも接続できるようになっています。これらの機器は無秩序に接続されているわけではなく，図 5.2 の例のように階層的に構成されています。それぞれのネットワークは管理者によって管理されます。ローカル・エリア・ネットワークの日本語訳は構内情報通信網なんですが，一般的には頭文字をとってLAN とよばれます。本書でも LAN を用います。2020 年 8 月現在，「構内情報通信網の通信が…」なんて話している人を著者は見たことがありません。もし見かけたら著者までご一報ください（もちろん冗談ですよ，ホンキにしないでね！）。

### 5.2.1 LAN の通信回線の種類

#### (1) 有線 LAN

LAN はおもに，図 5.3 のような，有線（LAN によっては光ファイバ（図 5.4））で接続されています。通信速度は数種類ありますが，オフィスからご家庭まで，多く

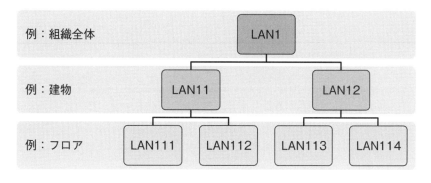

**図 5.2** LAN の階層構造のイメージ

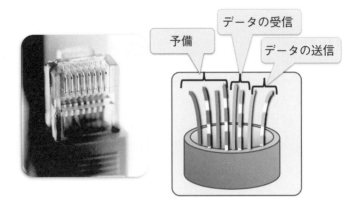

図 **5.3** LAN ケーブル
（右：RJ45 コネクタ，左：回線の色と用途（100 Mbps での通信の場合））

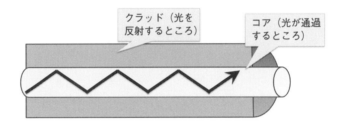

図 **5.4** 光ファイバ回線の構成

表 **5.2** LAN ケーブルの種類と通信速度

| 種 類 | 通信速度 | 伝送帯域 |
|---|---|---|
| カテゴリ 3 | 〜10 Mbps | 16 MHz |
| カテゴリ 5 | 〜100 Mbps | 100 MHz |
| カテゴリ 5e | 〜1 Gbps | 100 MHz |
| カテゴリ 6 | 〜1 Gbps | 250 MHz |
| カテゴリ 6A | 〜10 Gbps | 500 MHz |
| カテゴリ 7 | 〜10 Gbps | 600 MHz |
| カテゴリ 7A | 〜10 Gbps | 1000 MHz |
| カテゴリ 8 | 〜40/25 Gbps | 2000 MHz |

の LAN で，100 Mbps や 1 Gbps が利用されています。利用したい通信速度によって，LAN ケーブルの種類が異なります（表 5.2）。LAN のケーブルは，8 本の電線と両端のコネクタ（RJ45 コネクタ）で構成されています（図 5.3）。本書では色がわかりませんが，同じ色が 2 本ずつペアになり，より線となっています。100 Mbps までの通信であれば，オレンジがデータの送信，緑がデータの受信に使われ，青と茶は予備となっています。1 Gbps の場合，すべての線がデータの送受信に使われます。

光ファイバは，おもに長距離（100 m〜数 10 km）の通信に使用されます。図 5.4 のように，光がクラッドで反射しながら，コアを伝っていきます。あまり詳細については書けませんが，一度に 1 種類の光信号を伝送するシングルモードで，1 本の中にコアが複数あるファイバを使うと，最高で 118 T（テラ）bps くらいの通信速度が出たという結果もあります。光ファイバはコンピュータやネットワーク通信に対応したプリンタなどの機器やスイッチングハブ（5.2.2 節）に接続されます。

**(2) 無線 LAN**

有線 LAN の他には最近無線 LAN がよく利用されるようになりました。これは図 5.5 に示すように，パソコン，端末などの機器と**アクセスポイント**（Access Point; AP）とよばれるネットワーク接続装置の間で無線通信を行って接続するものです。有線の場合と比べると導入コストが高くなりますが，LAN ケーブルの配線を気にしなくてよいため，パソコン，端末，プリンタなどの機器がレイアウトに合わせて自由に決められるメリットがあります。デメリットは，無線であることから，文字通り誰でも通信を傍受できてしまうことです。通信データを暗号化するなど，アクセスポイントを注意して設定しておかないと，第三者から通信内容そのものを覗き見されたり，アクセスポイントにタダ乗りされたりする恐れがあります。

無線 LAN の用途には，おもに以下のものがあります。

① LAN の端末部分の無線化

例えば，ビルの中核のネットワークを有線 LAN で構成し，フロアでアクセスポイントを設置して無線 LAN を構成することが考えられます。図 5.5 がこの例となっています。

② 展示会場やレイアウト変更が頻繁なショールームでの LAN 接続

③ モバイル機器（ノートパソコン，タブレット端末，スマートフォンなど）からの

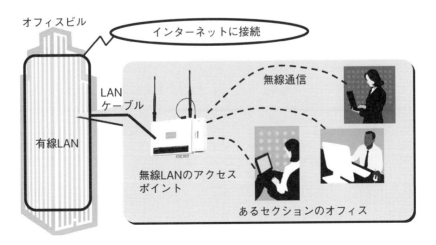

図 **5.5** 無線 LAN のイメージ

表 5.3  無線 LAN の規格

| 規格名 | 通信速度 | 周波数帯 |
|---|---|---|
| **IEEE802.11a** | 54 Mbps | 5 GHz |
| **IEEE802.11b** | 11 Mbps | 2.4 GHz |
| **IEEE802.11g** | 54 Mbps | 2.4 GHz |
| **IEEE802.11n** | 300 Mbps, 450 Mbps | 2.4 GHz, 5 GHz |
| **IEEE802.11ac** | 290 Mbps〜 1.3 Gbps（Wave 1）6.9 Gbps（Wave 2） | 5 GHz |
| **IEEE802.11ad** | 6.9 Gbps | 60 GHz |
| **IEEE802.11ax** | 9.6 Gbps | 2.4 GHz, 5 GHz |

LAN 接続

④　公道でさえぎられたビル間の LAN 間接続（さすがに公道の地中に LAN ケーブルを無断で敷設すると怒られますから）

⑤　配線ケーブルのためのフリーアクセス化が困難なテナントビルや SOHO（Small Office /Home Office）

⑥　低価格機器による家庭内接続

　　例としては，家で複数のパソコンを利用するために，[ルータ]⇔[個々のパソコン] の通信に無線 LAN を用いるケースがあります。

　無線 LAN の通信にはいくつかの規格があり，表 5.3 のように通信速度や周波数帯域が異なっています。

### (3)　その他の LAN 回線

　この他の LAN の形態としては，電力線（電源コンセント）を通信回線にして接続する**電力線通信**（Power Line Communication; PLC）があります。これは屋内向け LAN のバリエーションと言えるでしょう。有線 LAN の配線が面倒な場所や，無線 LAN が使えない場所での利用に向いているかもしれません。

### 5.2.2　ネットワークを構成する装置

　ネットワークはパソコンやプリンタだけではなく，図 5.6 のように，それらの機器の間の通信を中継したり，外部のネットワークと接続したりする装置が必要となります。ここでは，リピータハブ，スイッチングハブ，ルータを紹介します。

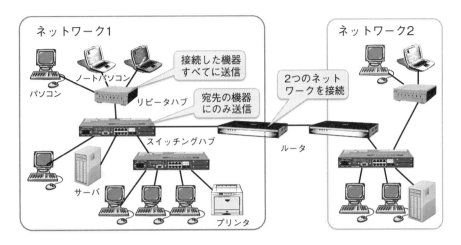

図 5.6　ネットワークを構成する機器

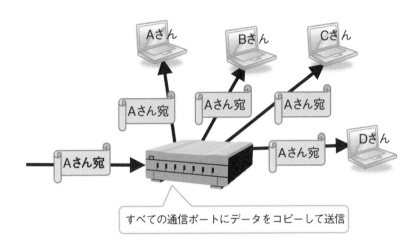

図 5.7　リピータハブの機能

**(1)　リピータハブ**

　リピータハブ（repeater hub）は，コンピュータやプリンタなどの機器を，LAN ケーブルを使って，ネットワークに接続します。リピータハブは受信したデータの内容をチェックすることなく，すべてのポートにコピーして送信します（図 5.7）。受信した端末が自分宛の通信かどうかを判断します。自分宛であれば，内容を取り込めばよいですし，自分宛でなければ無視します。リピータハブの問題点としては，端末側が送信しようとしたとき，ハブの側から送信されると，そこで通信の**衝突**（collision）が起こることです。

**(2)　スイッチングハブ**

　最近ハブといえば**スイッチングハブ**（switching hub）を示すくらい，メジャーにな

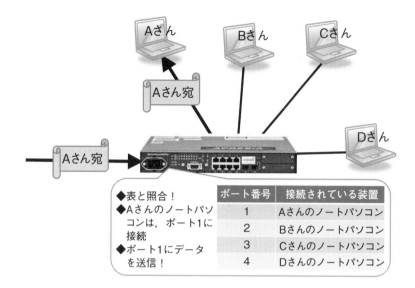

図 5.8　スイッチングハブの機能

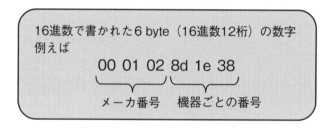

図 5.9　MAC アドレスの構成

ってきたハブです。リピータハブとの違いは何でしょうか？　図5.8 に示すように，スイッチングハブは，送られてきたデータの宛先を確認して，自分に接続している装置の「対照表」と照らし合わせて，合致した装置にのみデータを送信します。つまり，宛先の装置以外にはデータを送りません。また，衝突が起きないように通信の制御（まあ交通整理ですね）ができます。リピータハブに比べて，処理内容が高度です。

　宛先の「対照表」には **MAC アドレス**（MAC address, Media Access Control Address）が書いてあります。MAC アドレスはコンピュータの LAN アダプタ（LAN ケーブルの受け口のついた装置でネットワークインタフェースカード（Network Interface Card; NIC）ともいいます）に割り振られた番号です。MAC アドレスの MAC は当然某ハンバーガーショップとは関係ありまっせん。MAC アドレスは図5.9 のように構成されています。図中のメーカ番号は IEEE（The Institute of Electrical and Electronics Engineers, Inc.）が管理しています。1 つのメーカが複数の番号をもっているケースがありますね。機器ごとの番号はいわば製造番号のようなもので，1 つの製品に

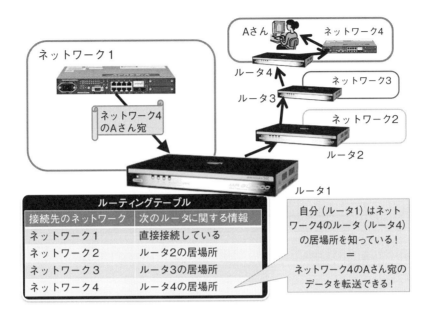

図 5.10　ルータの機能

つき 1 つメーカが決めています。複数の LAN アダプタが同一の番号をもっていること
はありません。

### (3)　ルータ

　ルータ（router）は異なる複数のネットワークを接続するために用いられます。ルー
タはスイッチングハブや別のルータと接続します。図 5.10 のように，ルータは，自分
のネットワークと別のネットワークの間でデータをやり取りするために，途中の経路を
書いた表（ルーティングテーブル（routing table））をもっていて，データの送信元・
宛先をルーティングテーブルと照らし合わせながら転送を行います。ルーティングテー
ブルは手動でも自動でも変更（更新）することができ，経路の変更にもサクッと対応で
きるようになっています。スイッチングハブとルータの機能をひとまとめにした装置も
あり，大変高価です。身近なところでは，個人向けに市販されています。

　ルーティングテーブルに書かれている居場所にあたる情報として，**IP アドレス**（IP
address）が使われます。IP アドレスはそれぞれのコンピュータに対して一意に割り当
てられた番号です。ザックリ言いますと，IP アドレスは自分の所属するネットワーク
の番号（住所みたいなもの）と自分の ID（名前みたいなもの）から構成されています。
IP とは Internet Protocol の頭文字で，インターネット上でのコンピュータの通信の具
体的な方法についての取り決めのことです。図 5.11 に IP アドレスの構成を示します。
正確には，ネットワークアドレスの表記の仕方が書かれていますが，ネットワークアド
レスとホスト ID の関係がわかりやすいので，この図を紹介します。

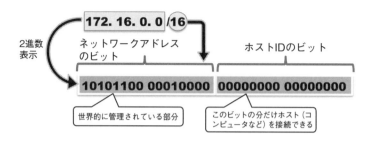

図 **5.11** IP アドレスの構成

表 **5.4** IP アドレスの種類と特徴

| 種 別 | ビット数 | 特 徴 |
|---|---|---|
| **IPv4** | 32 bit | 8 bit ごとにピリオドで区切って，10 進数で表記<br>例）192.168.2.8 |
| **IPv6** | 128 bit | 16 bit ごとにコロンで区切って，16 進数で表記<br>例）14ed:2020:18ad:3421:9876:fedc:0000:0000 |

　図 5.11 の IP アドレスは IPv4 とよばれ，32 bit の 2 進数で表されます。図 5.11 の書き方は，本当はネットワークアドレスの部分を示したものですが，説明のためこちらを使っています。IP アドレスの表記法としては，IPv4 の他に IPv6 があります。両者の違いを表 5.4 に示します。ちなみに，IP アドレスも国際的に様々な団体（ICANN，APNIC など）が連携して管理されています。

---

【課題 5.1】　自分のパソコンの MAC アドレスと IP アドレスを調べなさい。

---

---

【課題 5.2】　OSI 参照モデルについて調べ，ハブとルータがどの階層の通信に関与しているかを調べなさい。

---

## 5.3　DNS〜コンピュータの電話番号帳

### 5.3.1　ホスト名＋ドメイン名〜人間様にわかるコンピュータの名前

　世界のコンピュータ同士が，いくつものネットワーク装置でつながっていて，コンピュータがもつ IP アドレスや MAC アドレスを使って通信するということを説明しました。図 5.9 や図 5.11 でも紹介したように，この 2 つのアドレスは数字のカタマリなんですよね。コンピュータやネットワークの世界では，数字であれば処理できるので，それで OK です。でも人間様には「…それわがんね！」ってことになるわけです。数字

図 **5.12** ホスト名とドメイン名

がダメなら文字にしようってコトで，使われているのが**ホスト名**と**ドメイン名**です（図5.12）。ただ，今度はこちらの場合，コンピュータの方が処理できなくなります。

IP アドレスとホスト名＋ドメイン名を関連づける仕掛けが必要になります。

### 5.3.2　ドメインネームシステム〜インターネットの電話番号帳！？

図5.12のように人間にわかりやすい名前がついたので，ホスト名＋ドメイン名とIP アドレスの情報をペアにして管理できます。スマートフォンなどの電話帳のようなことができるわけですね。つまり，ホスト名＋ドメイン名から IP アドレスを検索したり，逆に IP アドレスからホスト名＋ドメイン名を検索したりすることができるんです。この機能を実現するシステムを**ドメインネームシステム**（Domain Name System; DNS）といい，インターネットでの接続に欠かせない大変重要なシステムです。

図5.13に DNS の仕組みを示します。この図では www.google.com の IP アドレスを検索する手順を示しています。まず，自分のパソコンが属するネットワークの DNSサーバに聞きます。この DNS が知らなかった場合，www.google.com の後ろの方から順に検索します。つまり，ルート DNS サーバに com ドメインの DNS サーバの IP ア

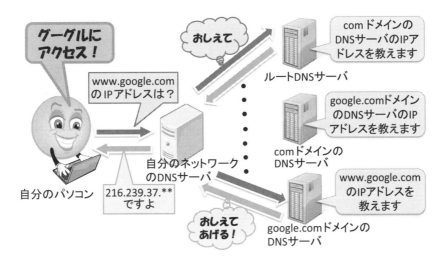

図 **5.13**　DNS を使った IP アドレスの問い合わせ

ドレスを教えてもらいます。次に，com ドメインの DNS サーバに google.com の DNS サーバの IP アドレスを教えてもらいます。最後に google.com の DNS サーバに www. google.com の IP アドレスを聞きます。その答えを利用者に知らせます。

## 5.4　小規模なネットワークからインターネットへ 〜小さなコミュニティから世界への拡大

たくさんの LAN を，ルータなどを介して階層的に接続することで，世界中のコンピュータ端末同士が国内外の LAN を介してお互いに通信できるようになります。インターネットは，このように相互に接続されるネットワークを増やしていくことで拡大した，世界規模のコンピュータネットワークなのです。ここでは，インターネットを支える技術の一部（日常的に利用しそうな内容）について紹介します。

### 5.4.1　インターネットの構成〜世界を巻き込んだネットワークの舞台裏

インターネットは図 5.14 のような構成で世界的な相互接続を行っています。図中の要素について説明しましょう。

### (1)　ISP

**ISP** とは Internet Service Provider の頭文字です。普段みなさんがプロバイダとよんでいるものです。LAN をインターネットに接続する役割があります。日本のものですと，インターネットイニシアティブ（IIJ），BIGLOBE，朝日ネットなどがあります。ISP のサービスとしては，インターネット接続の他には，電子メールアカウントの

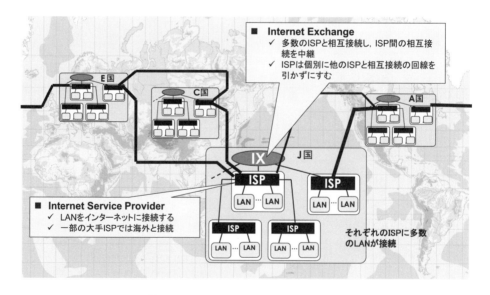

図 **5.14**　インターネットの構成（概念図）

提供，ISP 独自によるポータルサイト運営やコンテンツサービスの提供があります。一部の大手 ISP では直接海外との接続を行っています。

**(2) IX**

IX とは Internet Exchange の略です。ローマ数字の 9 ではありません。IX はイン**ターネット相互接続点**と訳されます。ISP 同士が個別に回線を結んで相互接続すると回線の本数が増えるだけなので，IX によって効率化を図ります。それぞれの ISP は IX と相互接続するだけで，大多数の ISP と相互接続することができるようになります。図 5.14 のように，主要な ISP は外国の ISP と相互接続しています。IX を通じて，外国と接続した ISP を利用することで，私たちは世界中のコンピュータやネットワークと通信することができるようになります。

国内で IX のお仕事をしているのは，dix-ie（Distributed IX in EDO; 東京），JPIX（Japan Internet Exchange; 東京，名古屋，大阪），MEX（Media Exchange; 東京）などです。もちろん世界中に IX があります。

## 5.4.2 インターネットの泣き所〜ある事件で明らかになった**恐怖の構造**

日本では主要な IX が東京にあるため，国内のインターネットの通信は東京に集中すると考えられます。すると，地理的に近い地域同士の通信も東京の IX を中継して行われるケースがあります。その場合，通信経路が【地方 A の ISP】⇔【東京の IX（ISP の場合もあり）】⇔【地方 B の ISP】となってしまうわけです。

もし IX が事故や災害で機能しなくなると，全国的に通信が麻痺する恐れがあります。インターネットを使ったサービスもそのあおりを受けます。2004 年 5 月に一度派手な事故が起きました [7]。事故の影響は国外にも波及するでしょうねぇ。思わず「おーそろしっ！！」と叫んでしまいそうな話です。

今や様々な対策がとられていて，すべての IX が同時に機能を失う可能性は小さいと考えられますが，常に『想定外の事態』も起こり得ます。地震，雷，火事，親父，…どれもインターネットを止めかねない怖いものばかりですよね。昔の人はウマいことを言ったもんです。本書の著者もオヤジなんですが…。

## 5.5 クラウドコンピューティング〜インターネットの発展に向けて

ネットワークを介して通信しながら，複数のコンピュータに分散して効率的に情報を処理し，よりよいサービスを提供することを**分散処理**といいます。分散処理の特徴として，「利用者がネットワークを通じて，連携している複数のコンピュータのことを意識せずに利用できる」ということがあげられます。近年，分散処理の規模は大学や企業内，あるいは家の中といった，ローカルな範囲にとどまらず，インターネットを介して世界規模に拡大してきました。**クラウドコンピューティング**（cloud computing）[6]

がそれです。クラウドコンピューティングは，世界的に散らばるコンピュータが連携して分散処理を行い，サービスを行う仕組みのことです。特徴として，

- 利用したいときに，自前で用意しなくても必要な資源（ソフトウェア，サーバ，アプリケーションの開発環境など）を利用できること
- ユーザからみて，どこで処理や保存が行われているか見えないこと

などがあげられます。まさにユーザの目には，図 5.15 のように，雲の中での処理ということができるでしょう。

　おもなサービスの提供の仕方は表 5.5 のように大別されています。様々な企業が表 5.5 を意識したサービスを展開しています。

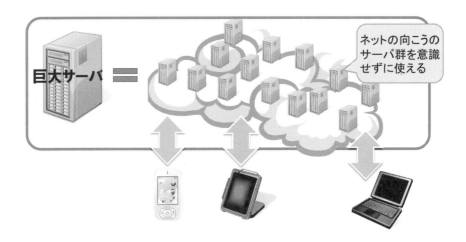

図 5.15　クラウドのイメージ

表 5.5　クラウドコンピューティングのサービス形態

| 名　称 | サービスの形態 | 例 |
|---|---|---|
| **SaaS**<br>(Software as a Service) | クラウドのインフラ上で動作するアプリケーションの機能を提供 | Microsoft 365,<br>Google Apps |
| **PaaS**<br>(Platform as a Service) | ソフトウェア開発のためのプラットフォーム（開発環境）を提供 | Google App Engine,<br>Microsoft Azure,<br>FlexiScale |
| **IaaS**<br>(Infrastructure as a Service) | 仮想サーバやネットワークを提供<br>（OS も利用者がインストール） | Amazon EC2, Amazon S3,<br>Microsoft Azure,<br>FlexiScale |

## 参考文献

[1]　Al Anderson, Ryan Benedetti 著，木下哲也訳，「Head First ネットワーク—頭と
　　からだで覚えるネットワークの基本」，オライリー・ジャパン，2010 年

[2]　松下温，重野寛，屋代智之，「コンピュータネットワーク」，オーム社，2000 年

[3]　情報処理学会編，「エンサイクロペディア情報処理 改訂 4 版」，オーム社，2002 年

[4]　金城俊哉，「世界でいちばん簡単なネットワークの e 本—ネットワークと ICP/IP
　　の考え方がわかる本 最新改訂版」，秀和システム，2008 年

[5]　小野瀬一志，「わかりやすい LAN の技術」，オーム社，2001 年

[6]　森洋一，「クラウドコンピューティング 技術動向と企業戦略」，オーム社，2009 年

[7]　三菱総合研究所，"週刊 Take IT Easy: インターネットと大手町の密かな関係"，
　　http://easy.mri.co.jp/20040727.html，更 新 2004 年 7 月 27 日，（参 照 2020 年 8 月
　　20 日）

# 6 情報のデジタル化
## ～情報の群れを数字の世界に

コンピュータの内部はどんなデータであっても2進数で表現されます。文書やスライド，デジカメ写真などが，具体的にどのように表されているのでしょうか？ この章では，基礎的な話題を中心に少しだけ深入りしてみましょう。

## 6.1 ファイルとフォルダ～情報もきちんと整理整頓

文字，音声，画像のデジタル化の真相に迫る前に，ファイルと**フォルダ**（folder）の話をします。

みなさんは様々なプリントを，適当な区分ごとにファイルに綴じてまとめることがあると思います。コンピュータでも同じような方法でしています。つまり，アプリケーションソフトやオペレーティングシステム，あるいは自分たちの作った文書やデータなど，その機能や内容に応じてファイルとしてひとまとめにしているのです。コンピュータの中では，いくつものファイルを記憶しています。

### 6.1.1 ファイルの記憶の形式

> ファイルの名前. 拡張子

ファイルは上のような形式で記憶されています。ファイルの名前は，見た人がその内容をすぐわかるようにつけます（もっとも，一般のソフトウェアみたいに，開発した人だけがわかるようになっているものも多いんですけどね）。**拡張子**はファイルの機能や性質について書かれています。例えば，data.txt というファイルがあるとすると，ファイルの名前は data で，拡張子は txt となります。拡張子から内容はテキストファイル，すなわち，書式を含まないタダの文字だけが入っていることがわかります。拡張子には多くの種類があります。いくつか代表的なものについて知っておくとよいでしょう。拡張子の例を表6.1 にあげておきます。

表 **6.1** 拡張子の例

| 拡張子 | 機　能 |
|---|---|
| txt | 文字のみの文書ファイル |
| html, htm | Web ページ（HTML で書かれたファイル） |
| php | Web サーバ上で動作する Web アプリケーション |
| mpg | MPEG 形式の動画像ファイル |
| bmp | ビットマップ形式の画像ファイル |
| jpg | JPEG 形式の静止画像ファイル |
| mp3 | mp3 形式の音声ファイル |
| docx | Microsoft Word で作成された文書ファイル |
| exe | 実行形式ファイル。アプリケーションソフトウェアの形式 |

### 6.1.2　ファイルの容量

コンピュータはファイルの内容を 2 進数で記憶しています。ファイルに記憶させるために必要な 2 進数の量（ビット数）を**容量**（capacity）といいます。2 進数の量の単位には**バイト**（byte）が使われています。1 byte は 8 bit です。距離の単位では 1,000 m を 1 km と換算できます。2 進数の量でも同じことを行うのですが，距離の単位とはちょっと事情が違います。コンピュータの世界では，$2^{10}$（2 の 10 乗）ごとに単位の換算が行われ，K（キロ），M（メガ），G（ギガ），T（テラ），P（ペタ），E（エクサ），Z（ゼッタ），Y（ヨタ）などで表記します。

$$
\begin{aligned}
1\,\mathrm{KB} &= 2^{10}\,\mathrm{B} & = & & 1{,}024\,\mathrm{B} \\
1\,\mathrm{MB} &= 2^{10}\,\mathrm{KB} = 2^{20}\,\mathrm{B} = & & & 1{,}048{,}576\,\mathrm{B} \\
1\,\mathrm{GB} &= 2^{10}\,\mathrm{MB} = 2^{30}\,\mathrm{B} = & & & 1{,}073{,}741{,}824\,\mathrm{B} \\
1\,\mathrm{TB} &= 2^{10}\,\mathrm{GB} = 2^{40}\,\mathrm{B} = & & & 1{,}099{,}511{,}627{,}776\,\mathrm{B} \\
1\,\mathrm{PB} &= 2^{10}\,\mathrm{TB} = 2^{50}\,\mathrm{B} = & & & 1{,}125{,}899{,}906{,}842{,}624\,\mathrm{B} \\
1\,\mathrm{EB} &= 2^{10}\,\mathrm{PB} = 2^{60}\,\mathrm{B} = & & & 1{,}152{,}921{,}504{,}606{,}846{,}976\,\mathrm{B} \\
1\,\mathrm{ZB} &= 2^{10}\,\mathrm{EB} = 2^{70}\,\mathrm{B} = & & & 1{,}180{,}591{,}620{,}717{,}411{,}303{,}424\,\mathrm{B} \\
1\,\mathrm{YB} &= 2^{10}\,\mathrm{ZB} = 2^{80}\,\mathrm{B} = & & 1{,}208{,}925{,}819{,}614{,}629{,}174{,}706{,}176\,\mathrm{B}
\end{aligned}
$$

この表記だと紛らわしいということで，KiB（キビバイト），MiB（メビバイト），Gib（ギビバイト）などの表記法もあります。

### 6.1.3　フォルダ（ディレクトリ）〜ファイルの整理箱

フォルダ（UNIX 系 OS ではディレクトリ（directory））は，ファイルを効率よく整

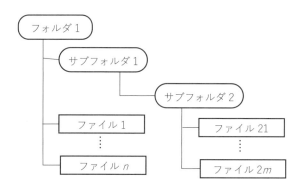

**図 6.1** フォルダの階層構造

理するための構造です。いわば，ファイルを整理しやすくするために，数冊ごとに本棚を仕切りで区切るようなものです。あるいは，机の中の物を整理するのに，仕切りで区切るようなものだと言えるでしょう。ファイルが1つや2つであれば，それぞれが何のファイルか覚えられると思います。これが1,000個や2,000個といった数になると，覚えようと思っても大変ですよね。途中でココロが折れると思うなぁ…。このようなときに，フォルダを使ってファイルを効率的に整理します。

　一般に，ファイルはその利用目的によって，いくつかのグループに分けられます。例えば，電子メール関係のファイルや，文書，写真，動画などはグループにすることができるでしょう。このようなグループを，それぞれフォルダとして，ひとまとめにします。これにより一目でどこにどのような種類のファイルがあるかがわかり，上手に整理することができます。フォルダの中には，ファイルの他にフォルダ（サブフォルダ）を入れることもできます。

　図6.1にフォルダの階層構造を示します。図からわかるように，フォルダが分岐して，サブフォルダがあることがわかると思います。このように，フォルダで分岐し，その先にフォルダがあったり，ファイルで終端したりしている様子は木の枝葉にたとえられます。そこで，このような構造のことを**木構造**（tree structure）といいます。木構造は情報の分野に限らず，様々な分野で応用されていますので，これを機に覚えておくとよいでしょう。

## 6.2 文字のデジタル化〜世界の文字もこれで2進数！

　まず，文字の**デジタル化**（digitalization）について説明します。ここでいう文字は，Windowsの「メモ帳」などのソフト上で編集されるテキストファイルや電子メール上の文字をイメージするのがよいでしょう。テキスト（**プレーンテキスト**（plain text）ともいう）は，平仮名，片仮名，漢字，英数字，一部の記号（＋，−，＊，／，[,]，″，％，‘ など），改行などで構成されます。文字通り，文字だけの情報です。

### 6.2.1 文字コード〜文字に番号が決められていた

では，コンピュータはどうやって文字を記憶しているのでしょう？　一言でいうと，コンピュータは文字に 2 進数の番号をつけて記憶しています（フォントは文字の書体デザインのことで，文字のデジタル化の話からズレます）。

コンピュータで文字を 2 進数で表すための準備として，どんな文字を使うかを決めないといけません。コンピュータが最初期に発達したアメリカでは，とりあえず自分たちが使うのに必要なだけの文字を表そうとしました。英語で必要な文字はアルファベット（大文字・小文字）52 字，数字 10 字，記号（！" ＃ ＄ ％ ＆ ' （）＝ など）33 字あれば大丈夫そうです。全部で 100 字に満たないですね。2 進数ですべての文字に番号をつけるには何ビットあればよいでしょうか？　$2^5 = 32$，$2^6 = 64$，$2^7 = 128$ ですから，6 bit 以下では不足で，7 bit 以上あれば事足りるということがわかります（数学の知識を使うなら，$\log_2 100 \approx 6.64$ からわかりますね）。

表 6.2　ASCII

| 下位4 bit の番号 \ 上位4 bit の番号 | 0 | 1 | 2 | 3 | 4 | 5 | 6 | 7 | 8 | 9 | A | B | C | D | E | F |
|---|---|---|---|---|---|---|---|---|---|---|---|---|---|---|---|---|
| 0 | NUL | DLE | (SP) | 0 | @ | P | ` | p | | | | | | | | |
| 1 | SOH | $DC_1$ | ! | 1 | A | Q | a | q | | | | | | | | |
| 2 | STX | $DC_2$ | " | 2 | B | R | b | r | | | | | | | | |
| 3 | ETX | $DC_3$ | # | 3 | C | S | c | s | | | | | | | | |
| 4 | EOT | $DC_4$ | $ | 4 | D | T | d | t | | | | | | | | |
| 5 | ENQ | NAK | % | 5 | E | U | e | u | | | | | | | | |
| 6 | ACK | SYN | & | 6 | F | V | f | v | | | | | | | | |
| 7 | BEL | ETB | ' | 7 | G | W | g | w | | | | | | | | |
| 8 | BS | CAN | ( | 8 | H | X | h | x | | | | | | | | |
| 9 | HT | EM | ) | 9 | I | Y | i | y | | | | | | | | |
| A | LF | SUB | * | : | J | Z | j | z | | | | | | | | |
| B | VT | ESC | + | ; | K | [ | k | { | | | | | | | | |
| C | FF | FS | , | < | L | \ | l | | | | | | | | | | |
| D | CR | GS | − | = | M | ] | m | } | | | | | | | | |
| E | SO | RS | 。 | > | N | ^ | n | ~ | | | | | | | | |
| F | SI | US | / | ? | O | _ | o | DEL | | | | | | | | |

　というわけで，最初の**文字コード**である ASCII（American Standard Code for Information Interchange）は，7 bit 分を文字コードとして 1 byte で表すことになりました。コンピュータではバイト単位で記憶しますので，1 byte（8 bit）のうちの 7 bit を使って文字に番号をつけるという考え方をとったわけです。

　ASCII を表 6.2 に示します。表の中で，表示される文字（スペースも含めて $20_{(16)}$ ～$7E_{(16)}$ にある文字）を**図形文字**（graphic character）といいます。例えば，コンピュータの中では，"A" や "a" という文字を記憶するのに，$41_{(16)}$，$61_{(16)}$ という番号を記憶しているのです。$00_{(16)}$～$1F_{(16)}$ の箇所に入っているのは**制御文字**（control character）とよばれるもので，いわゆる「表示されない文字」として定義されています。制御文字は改行（LF，文字コード $0A_{(16)}$）やビープ音を鳴らす（BEL，文字コード $07_{(16)}$）など，画面に表示するときに行う制御の内容を表しています。表 6.2 を暗記する必要はありませんよ。みなさんは文字コード表というものが存在することを覚えておけば OK です。文字コード表なんて山のような種類があるんだから。

　ASCII はのちに世界的に使うために国際標準 ISO/IEC646 となりました。表 6.2 は英字からなっていて，フランス語やドイツ語などにあるような特有な文字は入っていませんし，自国通貨がドルでない国では自分の国の通貨の記号を表示できた方がよいでしょう。というわけで，ISO/IEC 646 では，一部の文字を各国のお国事情で定義を変更できる部分を設けています。表 6.2 の $40_{(16)}$，$5B_{(16)}$～$5E_{(16)}$，$60_{(16)}$，$7B_{(16)}$～$7E_{(16)}$ の 10 文字分（表の▨で表した箇所）がそれにあたります。ただし，$23_{(16)}$ として#（シャープ）か£（ポンド）のいずれか，$24_{(16)}$ として\$（ドル）か¤（不特定通貨記号）のいずれかを選択するということになりました。

　キーワード：JIS（Japan Industrial Stadard）X 0201，
　　　　　　　EBCDIC（Extended Binary Coded Decimal Interchange Code）コード，
　　　　　　　ISO/IEC 8859-1～16

---

**【課題 6.1】** Information の各文字について ASCII の文字コードを調べなさい。

---

## 6.2.2　文字コードのバリエーション～様々な国の文字も 2 進数に

　ISO/IEC 646 を土台にして国別で異なる文字コードを作ったので，複数の国の言葉を 1 つの文書の中で同時に扱うことができないという課題が浮上しました（例えば，英語メールの途中にフランス語やドイツ語の単語・文章が挿入できないなど）。これを解決する手段として ISO/IEC 2022 が作られました。基本コンセプトは，7 bit コードの ISO/IEC 646 を拡張して，8 bit コード（1 byte コード），2 byte コードを使えるようにして，多言語の文字を扱えるようにするというものでした。確かに，7 bit では制御文字を含めて高々 128 文字しか表せませんし，文字の種類が多い言語もありますから，この考え方は妥当と思えますね。

表 6.3　JIS X 0208 における文字の配置

| 区点 | 文字の種類 | 文字数 |
|---|---|---|
| 1〜2 区 | 記号 | 147 |
| 3 区 | 英数字（大文字・小文字含む） | 62 |
| 4 区 | 平仮名（旧仮名文字，濁音・半濁音，小文字（ぁぃぅなど）含む） | 83 |
| 5 区 | 片仮名（旧仮名文字，濁音・半濁音，小文字（ァィゥなど）含む） | 86 |
| 6 区 | ギリシャ文字（大文字・小文字含む） | 48 |
| 7 区 | キリル文字（大文字・小文字含む） | 66 |
| 8 区 | 罫線 | 32 |
| 9〜15 区 | （未定義）（メーカ独自で外字や機種依存文字に割り当てるケースがあります） | — |
| 16〜47 区 | 第 1 水準漢字（常用漢字 1,945 字を含みます。ザックリ読み順で並んでます） | 2,965 |
| 48〜84 区 | 第 2 水準漢字（おおむね部首・画数順に並んでます） | 3,390 |
| 85〜94 区 | （未定義）（メーカ独自で外字や機種依存文字に割り当てるケースがあります） | — |
| | 合計 | 6,879 |

　日本語の文字コードとしては JIS X 0208（初版は 1978 年制定。現在は 1997 年改訂版）があります。現在の JIS X 0208 では，6,355 字の漢字が収められ，それ以外にも平仮名，片仮名，ラテン文字，ギリシャ文字，キリル文字（ロシア語で使用），算用数字，各種記号類などが含まれています。文字コードがどのように配置されているか表 6.3 でイメージしてください。検索すれば，JIS X 0208 のような文字コード表が見つかりますので，自分の名前の文字コードを調べてみては？

## 6.3　音声のデジタル化〜MP3？　いえいえ CD ですよ

　次に，音のデジタル化について考えていきましょう。音は空気の振動によって発生します。図 6.2 のように，この振動をマイクロフォンで電気信号に変換することによって，**アナログ**（analog）の波形を得ることができます。しかし，アナログ波形のままではコンピュータに覚えさせることができないので，デジタル化の処理を施して音声を数値に変換して記憶します。この過程を **AD 変換**（Analog to Digital conversion）といいます。デジタル化の処理は **PCM**（Pulse Code Modulation）**方式**が用いられます。これは音楽用コンパクトディスク（CD）にも採用されている方式です。

　PCM の考え方について説明しましょう。PCM は，図 6.3(b) のように，アナログ波形を階段状の波形で近似する方式です。PCM では時間と電気信号レベルという 2 つの軸で表します。一定の時間間隔でアナログ波形を観測することを**標本化**（サンプリン

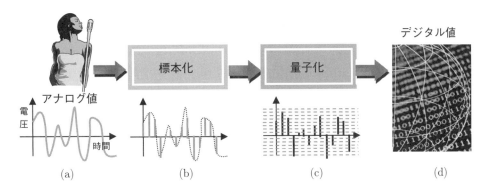

図 **6.2** 音声の AD 変換

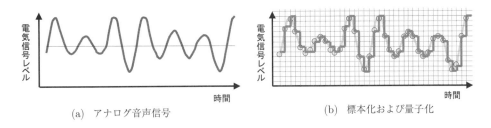

(a) アナログ音声信号　　　　　　　　(b) 標本化および量子化

図 **6.3** 音声のデジタル化

グ；sampling）といいます。1 秒あたりの標本化の回数を**標本化周波数**（サンプリング**周波数**；sampling frequency）といいます。標本化周波数の単位は Hz（ヘルツ）です。電波の周波数と同じ単位です。次に，電気信号レベルをあらかじめ決めた一定の間隔に分割しておき，個々の分割に番号をつけておきます。標本化して得たアナログの電気信号がどの番号の分割に入るかによって数値化します。この処理を**量子化**（quantization）といいます。

　上の説明はちょっと難しい言い方をしました。もう少し別の言い回しで説明してみましょう。標本化と量子化は，図 6.3(a) のアナログ波形を図 6.3(b) のようにグラフ用紙に書いて，アナログ波形の線が通ったマス目の座標を記録する作業ということができます。例えば，「アナログ波形の線が横軸 3 番目，縦軸 9 番目のマス目を通った」という感じです。通常，横軸を時間軸，縦軸を電気信号レベルと考えます。時間軸については，1 個目，2 個目，3 個目と，ただひたすら順番通りに並びますので，特に記憶する必要はありません。電気信号レベルのマス目の番号を音声のデジタル値として記憶します。量子化の段階の数によって，1 個（1 サンプル）のデジタル値を記憶するのに必要なビット数（量子化ビット数）が変わります。例えば，256 段階なら $256 = 2^8$ ですから 8 bit 必要となります。

　図 6.4 のように，標本化や量子化の段階が多いほど（時間や電気信号レベルのマス目が細かいほど）アナログの波形をうまく再現できるため，アナログの音に近い高音質な

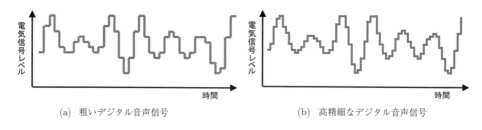

(a) 粗いデジタル音声信号　　　　　　　　　(b) 高精細なデジタル音声信号

図 **6.4** 標本化周波数や量子化のレベル数の違いの影響

　録音が可能になります。しかし，1 個のサンプルの音を表すのに必要なバイト数が大きくなったり，サンプルの個数が増えたりするので，その分だけデータの容量は大きくなります。

　では，どの程度の標本化周波数があればよいのでしょうか？　結論から言いますと，標本化周波数は標本化する音声に含まれる最大周波数の 2 倍以上必要とします。これを**標本化定理**もしくは**サンプリング定理**（sampling theorem）といいます。ちゃんと数学の裏付けがあります。例えば，音楽 CD ですと，人間が聞き取ることのできる最大周波数が 20 kHz 程度（個人差がありますが）であることから，標本化周波数はその 2 倍，つまり 40 kHz 以上あればよいということになります。実際，音楽 CD の標本化周波数は 44.1 kHz となっていて，これを十分満たしているので，元の音声を再現するには十分なレベルと言えます。昭和の一時代（おもに 20 世紀後半あたり）の電話の音声ですと，なんと最大周波数を 4 kHz（実際には 3.4 kHz）に制限していまして，標本化周波数は 8 kHz となっています。めっちゃ低っ！　これでは元の音声をキレイに再現するなんて無理ですね。このことで，当時いろいろな悲劇（喜劇？）が起こったんです。

　次に，量子化ビット数です。これは，扱う音声のダイナミックレンジ（音の強さの最大値と最小値の比率）に対して，どの程度の音質を確保したいか（再現できたらいいか）で変わってきます。音楽 CD や音楽 DVD のように，高い音質が要求される場合には段階の数を多くして量子化しないと困るわけです。その分だけ多くの量子化ビット数が必要です。一方，電話回線のように，話し手が何を言っているかが聞き取れる程度で

表 **6.4**　音声の標本化周波数と量子化ビット数の比較

| 用途 | 標本化周波数 [kHz] | 量子化ビット数 [bit] |
|---|---|---|
| **音楽 CD**（CD-DI） | 44.1 | 16 |
| **DVD**（DVD Audio） | 192 | 24 |
| **DVD**（DVD Video） | 48 か 96 | 16 か 24 |
| ブルーレイ（BD-Video） | 48 か 96 か 192 | 24 |
| 昔の電話 | 8 | 8 |

よいなら，音楽 CD のような音質は要求されません。その分，量子化ビット数も少なくてよいということになります。比較のために，いくつかの用途について，標本化周波数と量子化ビット数を表 6.4 に示します。

　課題 6.2 で計算するとわかりますが，音声のデジタル値を高い品質で 1 曲分記憶しようとすると，膨大なデータ量となります。そこで，MP3（MPEG Layer3 / MPEG2 Layer3）などの方法を使って，記憶すべきデータ量を減らす**情報圧縮**（data compression）が行われます。ダウンロード販売などで見られる音声データは圧縮されています。情報圧縮では人間の聴覚の特性を生かして（悪い言い方をすると誤魔化して），できるだけ元の音声に近い音声を再現できるように工夫がなされています。

---

**【課題 6.2】**　ある曲を以下の 2 通りの条件で圧縮せずデジタル化しました。それぞれのファイルについて，データ量をバイト単位で計算しなさい。ただし，曲の長さは 90 秒とします。
　① 標本化周波数 22,050 Hz，1 サンプルあたり 8 bit
　② 標本化周波数 44,100 Hz，1 サンプルあたり 16 bit（CD と同じ）

---

## 6.4　画像のデジタル化〜デジカメ写真のモト

　画像では，色の明るさを標本化，量子化することによってデジタル化します。**デジタル画像**（digital image）の場合，それぞれのサンプルを**画素**（pixel）といい，色をもった画素が縦横に大量に並ぶことで，私たちの目に画像として映るのです。図 6.5 にデジタル画像のイメージを示します。女性の右目の部分を拡大しました。小さなマス目（画素）がタイル貼りのようになっているのがわかると思います。

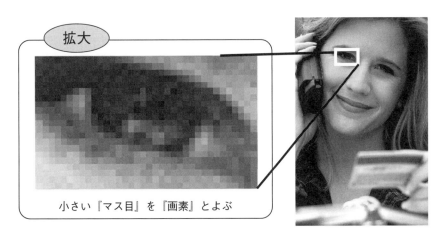

図 **6.5**　デジタル画像と画素

　　デジタルには**カラー画像**（color image）と**モノクロ画像**（monochrome image, grayscale image）があります。色の明るさ（**輝度**（luminance）といいます）をデジタル化するとき，例えば，0〜255 の数字で表します（256 階調の場合）。図 6.6 のように，一般的には 0 が最も暗く，255 が最も明るいことを表しています。カラー画像は，図 6.7 のように，光の三原色（赤(R)，緑(G)，青(B)）で構成されており，それぞれが 256 階調なので，トータルで $256^3 = 16,777,216$ 色の色を表すことができます。

　　一方，モノクロ画像は，白黒の階調で表されているので 256 色です。輝度の階調数が異なると，見え方がどのように変化するかを図 6.8 に示します。1 画素あたりのビット数が少なくなるにつれ，主観的な品質といいますか，見た目が劣化する様子がわかる

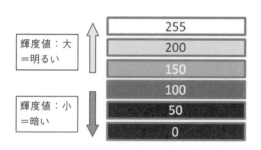

図 **6.6**　輝度値の概念

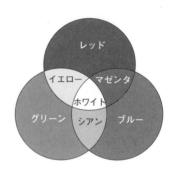

図 **6.7**　光の三原色

(a)　8 bit（256 階調）

(b)　4 bit（16 階調）

(c)　1 bit（2 階調）

図 **6.8**　1 画素あたりのビット数の違い

と思います。図 6.8(b) では，空の領域に，図(a) にはなかった色の境界がクッキリ表れています。階調が少なくなると，本来存在しない**偽輪郭**（pseudo contour）が起こります。図(c) は白と黒の 2 色なので，図(a) で明るかった領域だけが白で表されています。

　印刷の色とディスプレイ上の色が異なることがありますが，これは印刷の色が光の三原色ではなく，色材の三原色（イエロー，マゼンタ，シアン）で表されることに起因しています。ディスプレイの色を忠実に印刷しようとすると，**光の三原色（加法混色系）**から**色材の三原色（減法混色系）**に変換しないといけません。この話を詳しく書くと，ページ数が足りなくなるので，ここまでにしておきますね。

　デジタル画像では縦横の画素数によって，画像の鮮明さ，細やかさが変わります。コンピュータ屋さんを中心に縦横の画素数のことをさして，**解像度**（resolution）とよんでいます。参考に，表 6.5 にテレビ放送の解像度の例を示します。解像度の違いが見た目にどう影響するかを図 6.9 に示します。同じ被写体でも，解像度が小さくなるにつれて，画素の形が目立つようになり，ビルの細かい形状が判別しにくくなる様子がわかると思います。

**表 6.5**　テレビ放送の解像度の例

| 通称 | 解像度<br>（横画素数 × 縦画素数） | おもな用途など |
|---|---|---|
| **2K** | 1920 × 1080 | ・地上波テレビ（HDTV） |
| **4K** | 3840 × 2160 | ・衛星放送（2018 年 12 月より）<br>・ケーブルテレビ，IPTV などにて実用放送中 |
| **8K** | 7680 × 4320 | ・衛星放送（2018 年 12 月より） |

(a) 250画素×350画素　　　(b) 125画素×175画素　　　(c) 50画素×70画素

　　　　　　　　　　　　　（図(a)の画素数を縦横1/2）　　（図(a)の画素数を縦横1/5）

**図 6.9**　解像度の違いの影響

　課題6.3に見られるように，画像のデータ量は音声以上に大きいことがわかります。そこで画像も情報圧縮が行われます。画像の場合は，隣り合う画素の輝度値が近い値となることが多い（引き算すると0に近いことが多い）という特徴や人間の視覚の特性を利用して，三角関数や確率などの数学を巧みに利用して圧縮されます。具体的な方法についてはキーワードを調べてみてね。奥深いよ～。

　キーワード：離散的コサイン変換，ウェーブレット変換，エントロピー符号化，JPEG，
　　　　　　　JPEG2000

---

【**課題6.3**】　ある被写体を同一のアングルから撮ったデジタル画像（静止画像）が3枚あります。それぞれのデジタル画像の解像度と階調は以下の①～③の通りです。①～③のデジタル画像のデータ量をバイト単位で計算しなさい。ただし，情報圧縮はしていないものとします。

　　①　画素数が横640画素×縦360画素で，1画素あたりR，G，Bそれぞれ
　　　　8 bitのカラー画像

　　②　画素数が横640画素×縦360画素で，1画素あたりR，G，Bそれぞれ
　　　　16 bitのカラー画像です。

　　③　画素数が横1280画素×縦720画素で，1画素あたりR，G，Bそれぞれ
　　　　16 bitのカラー画像

---

　この話題の最後として，動画の話をしましょう。表6.5であげたテレビ放送でも，YouTubeやニコニコ動画のようなネット動画でも，Ustreamのようなインターネット放送でも同じで，動画の基本は「パラパラ漫画」というお話です。人間の目の残像効果を利用して，少しずつ変化している静止画像を何枚も何枚も物すごいスピードで表示しているのです。映画のフィルムもまったく同じ原理です。デジタル動画像は，図6.10

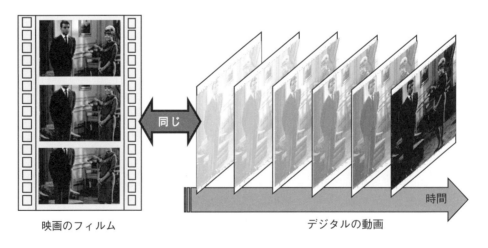

映画のフィルム　　　　　　　　　　　　デジタルの動画

図 **6.10**　デジタル動画像の正体

表 6.6 媒体によるフレームレートの違い

| 媒 体 | フレームレート [fps] |
|---|---|
| 地上デジタル放送 | 30/60 |
| ワンセグ放送 | 15 |
| NTSC アナログ放送 | 30 |
| アニメーション (?) | 実質 8 くらい |

右図のように，1 枚 1 枚独立したデジタル画像（専門用語で**フレーム**（frame））から構成されています。

表 6.6 に示すように，1 秒の動画像は約 30 フレームからなっていることが多いです（国際規格では，1 秒あたり 29.97 枚になっています）。これ以下の**フレームレート**（1 秒あたりのフレーム数；frame per second; fps）になると，徐々に動きがカクカク不自然に見えるようになります。ワンセグ放送の場合は 15 fps なので，元から動きがカクカクしやすいのは当たり前なんですね。動きの激しい画像（例えばサッカーの映像）はキッツいかな〜，シーンが飛んだりなんかしてね〜。

動画像のデータ量を考えてみましょう。同じ解像度の静止画像と比べたら，当然とてつもない量になってしまいます。やっぱり動画像でも情報圧縮が行われています。普段，テレビ放送やインターネット動画配信，ワンセグ放送などの映像でその技術を目にしています。動画像の情報圧縮では，隣り合うフレームの間で時間間隔が 1/30=0.033 秒（30 fps の場合）と短いので，2 枚の画像がよく似ていることを利用します。ま，フレーム間で引き算っすね。0 に近い値が多くなるんですよ。静止画像の情報圧縮のノウハウや技術もそのまま生かされています。詳細については，キーワードを調べてみてください。やはりキテますよ〜。

**キーワード**：動き補償予測，MPEG，MPEG2，MPEG4，H.264，H.265

---

**【課題 6.4】** ある被写体を同じアングル，同じモーションを撮った 3 種類のデジタル動画像①〜③があります。どれも撮影時間は 5 秒間です。それぞれのデジタル動画像のデータ量をバイト単位で計算しなさい。ただし，情報圧縮はしていないものとします。

① 1 秒あたり 10 フレームで，1 フレームあたり横 640 画素 × 縦 480 画素，1 画素あたり 8 bit のモノクロ画像

② 1 秒あたり 10 フレームで，1 フレームあたり横 640 画素 × 縦 480 画素，1 画素あたり R，G，B それぞれ 8 bit のカラー画像

③ 1 秒あたり 30 フレームで，1 フレームあたり横 640 画素 × 縦 480 画素，1 画素あたり R，G，B それぞれ 8 bit のカラー画像

## 参考文献

[1] 矢野啓介，「プログラマのための文字コード技術入門」，技術評論社，2010 年

[2] 酒井善則，石橋聡，「ディジタル情報表現の基礎—音声・画像の符号表現」，サイエンス社，2001 年

[3] 川合慧監修，河村一樹編著，「情報とコンピューティング」，オーム社，2004 年

[4] 浦昭二，市川照久，「情報処理システム入門 第 3 版」，サイエンス社，2006 年

[5] 情報処理学会編，「エンサイクロペディア情報処理 改訂 4 版」，オーム社，2002 年

[6] 相良岩男，「よくわかるデジタルテレビの基本動作と仕組み」，日刊工業新聞社，2011 年

# 7 プログラミングの基礎 〜解き方を考えましょう

コンピュータではプログラムに書かれている順序と内容に従って処理を行います。これを逐次処理とよぶのでした（2.1.4 節）。また，プログラムを作るのにプログラミング言語が用いられるのでしたね（4.3.3 節）。今回は，逐次処理の考え方とプログラムを作る（開発する）ための作業に内容を絞って紹介したいと思います。具体的なプログラミング言語やプログラミングの技術については他の良書に譲ります。だって，言語の話になると，どうしても文法のお勉強になってしまうんだもの。

## 7.1 アルゴリズム〜解けますか？ 解けるんです！

プログラミング言語を使ってプログラムを書く前には，そのプログラムに行わせたい処理や，問題を解く手順を，詳細にわたって，しかも誤りなく決めなければなりません。この手順のことを**アルゴリズム**（algorithm）といいます。アルゴリズムは，それに従って処理を行った結果，実行結果がちゃんと出力されるものでなくてはいけません。コンピュータは人間のように臨機応変に対処することはありませんから，もし間違った手順がプログラムされても，コンピュータはそのまま黙々と実行し続けるのです。最悪の場合，コンピュータ全体をストップさせることにもなりかねません。

アルゴリズムの例を見ていきましょう。いきなりコンピュータ的なアルゴリズムの説明をすると頭が痛いので，日常生活から例示したいと思います。

---

**例）チャンポンの作り方**

① 材料を揃える

材料の例：チャンポン麺，スープ，豚肉，かまぼこ，
野菜（もやし，キャベツ，にんじん，玉ねぎ）

② 具の下ごしらえをする：豚肉を一口大に切る。キャベツは一口大，玉ねぎは薄切り，にんじん・かまぼこは短冊切りにする。もやしはひげ根を取る

③ 生麺の場合は麺を茹でる，茹で麺の場合湯通しする

④ スープを温める

---

⑤　十分に熱した中華鍋またはフライパンに調理油を入れる

⑥　豚肉，かまぼこを炒めて，野菜を炒める

⑦　温めたスープを入れる

⑧　茹でたチャンポン麺を入れて煮立てる

⑨　器に盛り付けて完成

　作る人の慣れや技量によって，味の違いは出てきますが，基本的には「チャンポンを作る」という問題を，手順にのっとって解決しているという意味で，これもアルゴリズムと考えられます。もちろん，パソコンにチャンポン作りは無理ですけどね。

## 7.2　アルゴリズムとその善し悪し～早い・安い・上手い

　もっとも，アルゴリズムが正しくても，出来の善し悪しはあります。例えば，ある1つの問題を解くのに2つのアルゴリズムがあったとき，一方はキツイ条件下（データ件数がハンパなく多いとか）でも一定時間で答えを出すのに，他方は条件が悪くなるとその分だけ時間がかかる，なんてことがあります。そうなると，前者の方がよいアルゴリズムだと言えるでしょう。アルゴリズムが間違っていたら，別の意味で終わってしまうんで論外です（図 7.1）。一般的には，アルゴリズム設計は実際のプログラムを書く作業（コーディング（coding））以上に大事なステップなんです。

　アルゴリズムの善し悪しを考える具体的な物差しとしては，四則演算や数字の大小の比較といった計算回数（計算時間）やデータを覚えるのに使う記憶領域の量があげら

（a）間違ったアルゴリズムのプログラムを実行して破局的状態に

（b）よいアルゴリズムのプログラムを実行して短時間で仕事が進む

（c）悪いアルゴリズムのプログラムを実行したために仕事が終わる目処が立たない

図 7.1　アルゴリズムの善し悪しの影響

れます。数字の並べ替え（ソーティング）アルゴリズムの1つバブルソート（bubble sort）を例にとって考えてみましょう。バブルソートとは「隣同士の数字を比較して，小さい数を後ろの方に送る」方法で，最後まで調べた後，最後の値が最小値になるというアルゴリズムです。

---

**例）** 5個の数値 $a_0$，$a_1$，$a_2$，$a_3$，$a_4$ を大きい順（降順）に並べ替えなさい。

---

**解法** 手順は以下のようになります。実際の数字を使ったイメージを図7.2に示しますので，合わせて読んでみてください。

① $a_0 < a_1$ ならば $a_0$ と $a_1$ 入れ替えます。

② $a_1 < a_2$ ならば $a_1$ と $a_2$ 入れ替えます。

③ $a_2 < a_3$ ならば $a_2$ と $a_3$ 入れ替えます。

④ $a_3 < a_4$ ならば $a_3$ と $a_4$ 入れ替えます。

⑤ 上の①〜④の結果，$a_4$ に $a_0$，$a_1$，$a_2$，$a_3$，$a_4$ の最小値が入っています。次に，$a_0$，$a_1$，$a_2$，$a_3$ について①〜③を行います。

⑥ 上の⑤の結果，$a_3$ に $a_0$，$a_1$，$a_2$，$a_3$ の最小値が入っています。次に，$a_0$，$a_1$，$a_2$ について①〜②を行います。

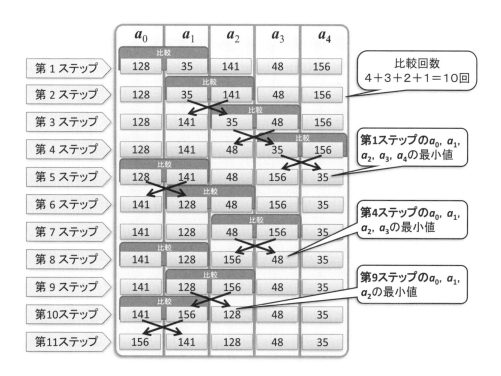

図 **7.2** バブルソートによる並べ替え

⑦　上の⑥の結果，$a_2$ に $a_0$，$a_1$，$a_2$ の最小値が入っています。次に，$a_0$，$a_1$ について①を行います。

⑧　上の⑦の結果，$a_1$ に $a_0$，$a_1$ の最小値が入っています。これで，並べ替えは完了です。

次に，計算回数と記憶領域を調べてみましょう。このアルゴリズムでは，最後にステップ表が完成するまでに，10 回の比較を行っています。一般的な場合，つまり $a_i$ の個数が $N$ 個だった場合にはどうなるでしょうか？　図 7.2 にヒントがあるんですが，

$$(N-1)+(N-2)+\cdots+2+1=\frac{N}{2}(N-1)$$

ということになります。高校生のときに習った公式ですね。比較回数は $N^2$ に比例して増えていくことになります。記憶すべき値の個数は $a_i$ の個数，つまり $N$ 個です。数字の入れ替えはコンピュータでは図 7.3 のように行っています。スワップ（swap）の値を覚えるために 1 個分の記憶場所が必要になります。

並べ替えのアルゴリズムは他にもいろいろなものがあり，もう少し計算回数の少ないものや記憶領域をバカ食いするものなど，利用するシチュエーションやコンピュータの能力に合わせて選ぶことになります。

実は，アルゴリズムの話はまだ尽きるどころか入口に来ただけの状態です。ここでは，「アルゴリズムの設計って大事なんだ！」ということをしっかり覚えておいてください。

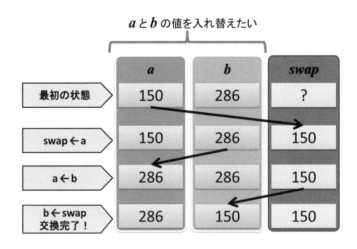

図 7.3　2 つの変数の値の入れ替え

## 7.3　フローチャート〜計算の流れ，図で描きましょう

　アルゴリズムの表現法は何種類かありますが，本書では処理の流れを図示するフローチャートを説明します。**フローチャート**（flowchart）は**流れ図**ともよばれ，処理手順を図式化したものです。たとえるなら，私たちが普段仕事の手順を書くのに「箇条書き」して細分化しますよね。フローチャートは，アルゴリズムの箇条書きを図記号の中に書いて，それを矢印で結んで図式化したものです。フローチャートの図記号の一部を表 7.1 に示します。1 つの箱（図記号）で行う処理は 1 つです。

　これらの図記号は世界で共通に利用するため**国際標準化機構**（International Standards Organization; ISO）で記号や意味などが標準化（国際規格とするために，各国の専門家が協議の末，標準の方式として決定すること）にされた後，日本国内でもそれに基づいて**日本産業規格**（Japanese Industrial Standards; JIS）として定められました。まぁ，ISO の規格（英語）では日本国内で不便なこともあるので，「英語で書かれた ISO の文書と完全に同等な」日本語で書かれたものを JIS にしたというのがカラクリなんですけどねぇ…。

表 7.1　フローチャートに用いる図記号とその意味

| | 図記号 | 意 味 |
|---|---|---|
| データ記号 | | 手操作入力：キーボードなどから入力されるデータを表す |
| | | 表示：ディスプレイなどに表示するデータを表す |
| 処理記号 | | 処理：計算や代入などの処理を表す |
| | | 判断：条件分岐を表す |
| | | 定義済み処理：別のプログラムなどで定義された処理 |
| | | ループ端：反復処理の始まりと終わりを表す。ループ端の中に終了条件を書く |
| 特殊記号 | | 端子：プログラムの開始と終了に用いる |

（JIS X 0121-1986 より抜粋）

### 7.4 逐次処理の基礎〜処理はステップ・バイ・ステップ

　ここでは，逐次処理を実現するための処理の仕方を学びます。逐次処理のポイントは処理の順番の決め方に3種類の基本パターンがあるということです。逐次処理のプログラムである以上，多少複雑な処理手順であっても，基本的には

- 順次処理
- 選択処理
- 反復処理

の組合せによって実現されるわけです。それぞれの基本処理を，表7.1を使って，フローチャートの図記号で表していきましょう（図7.4）。今のところ，最低限「端子に始まり(開始)，端子に終わる(終了)」ことは覚えておきましょう。

#### (1)　順次処理

　順次処理（sequential process）は，文字通り，開始から終了に向けて，順序通りストレートに（途中で処理の枝分かれもなく）行われる処理のことです（図7.4(a)）。

#### (2)　選択処理

　選択処理（selection process）は，図7.4(b)のように判断記号を使って表すことができます。「条件成立？」の処理で，成立すれば（Yesならば）処理1，成立しなければ（Noならば）処理2を選択します。**条件分岐**という別名も覚えておきましょう。

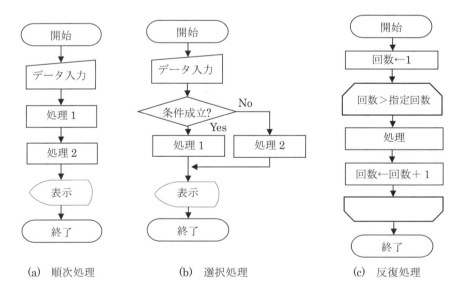

|          (a) 順次処理          |          (b) 選択処理          |          (c) 反復処理          |

図 **7.4**　逐次処理のフローチャート

### (3) 反復処理

反復処理（iterative process）は，図 7.4(c) の記号の他に，判断記号を使って書くこともできます。反復される部分を**ループ**（loop）とよびます。図(c) では，終了条件をループの開始の箇所で書きましたが，ループ終了の箇所で書くこともできます。ただし，終了条件を書く場所によって，実際の処理の順序に違いが出る点に注意が必要です。

表 7.1 で紹介した図記号以外にも，様々なものが定義されていますが，まずは表 7.1 を見ながら，基本的な流れ図を書ければ十分でしょう。

## 7.5 フローチャートの例

せっかく逐次処理について勉強しましたので，アルゴリズムの例題を日常生活からあげて，図 7.4 の遂次処理がどのように使えるかを見ていきましょう。

---

**例題）スーパーかコンビニでレジ打ち**

A さんがレジ打ちの仕事をしています。

買い物カゴに商品をたくさん入れたお客さんが来ました。レジのお仕事では，バーコードリーダを使うなどして，商品の個数だけ値段をレジに入力して合計金額を計算しますね。

お客さん 1 人に対する，レジ打ちの仕事の手順をアルゴリズムとして表してみましょう。フローチャートの記号を使って図示してください。

お釣りがある場合にはちゃんとお客さんに渡して，万が一お金が足りない場合には，お客さんを事務所に連れていくことにしましょう。あれ？

---

ここで一番難しいのは，商品の個数だけ値段をレジに打ち込む作業をどうやってフローチャートで表すかでしょう。上で反復処理を紹介したときには，繰り返しの回数がわかっていることを前提にしていましたが，この場合にはその回数はわかりませんね？ということは，終了条件に工夫が必要であることに気づくと思います。

合計金額の計算のやり方は，金額を 0 にセットして，図 7.4(c) の回数の計算をヒントにすれば OK ということになります（図 7.5）。

本書ではシンプルな例を紹介しましたが，ソフトウェアを作る人は，フローチャートを作るまでの段階で，相当な苦労を強いられています。なにしろ，「自分が実現したい処理内容は実現可能なのか」とか，「どうすれば逐次処理の形で表現できるか」という問題に悩まされているのですから。

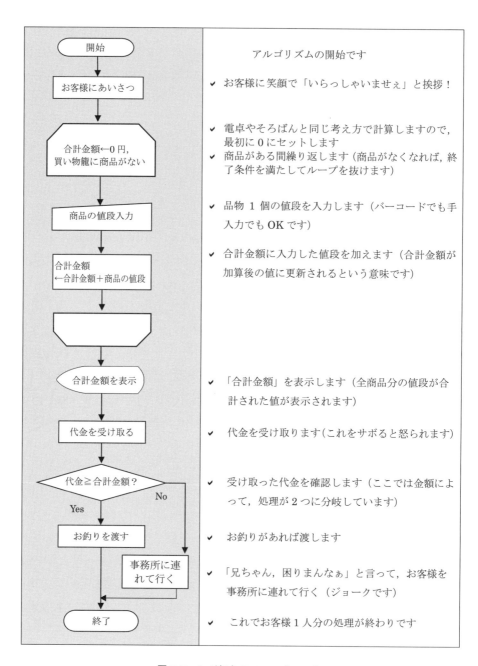

図 **7.5**　レジ打ちのフローチャート

---

【課題 7.1】　バブルソート法について，表 7.1 の図記号を用いて，フローチャート
を書きなさい。

---

## 参考文献

[1] 川合慧監修，河村一樹編著，「情報とコンピューティング」，オーム社，2004 年

[2] 野崎昭弘，「アルゴリズムとプログラミング技法」，サイエンス社，1999 年

[3] 情報処理学会編，「エンサイクロペディア情報処理 改訂 4 版」，オーム社，2002 年

[4] 高橋真吾，衣川功一，野中誠，「情報システム開発入門—システムライフサイクル
の体験的学習」，共立出版，2008 年

[5] 曽根悟，小谷誠，向殿政男監修，「コンパクト版 図解 電気の大百科」，オーム社，
1996 年

# 8 WWWと検索術

　勉強に限らず，趣味やお出かけなど，情報を得るのに Web を利用することが当たり前ですよね。氾濫する情報の中で，私たちはどのような態度で接していくべきでしょうか。

　この章ではインターネットの「活用」にスポットを当ててみたいと思います。前半では WWW の技術や検索エンジンの仕組みについて，後半では，スマートな情報検索の方法や，検索結果から得られた情報が信用できるものか，信頼に足るものかを考えるためのポイントを説明します。

## 8.1　WWW の基礎～論文をみんなで共有したいな

　**WWW**（World Wide Web）は，スイスにある CERN（Conseil Européen pour la Recherche Nucléaire; 欧州合同素粒子原子核研究機構）の技術アドバイザー，Tim Berners-Lee が 1989 年に考案した論文閲覧システムのプログラムの名称です。一般に公開されたのが 1991 年で今も使われているアプリケーションです（2.2 節）。息が長いですね。

　WWW は今でも広く使われていますが，その大きな要因としては次の 2 つをあげることができます。

(1)　コンテンツでテキストだけでなく，画像，音声，映像など，様々なコンテンツを扱うことができる。

(2)　Web コンテンツを提供している Web サーバや，そこにアクセスするクライアントがどんな環境でも（端末のメーカや種類，その OS に依存することなく）幅広く使える。

　以下では，WWW に関連して，URL，HTTP，HTML について学びましょう。

### 8.1.1　URL～Web のプロトコル＋住所＋名前

　**URL**（Uniform Resource Locator）は，インターネット上でやり取りされるテキスト，動画，音楽などの**リソース**（resource; **資源**）についての**プロトコル**（protocol, 通信規約；通信の具体的な方法についての取り決め），ホスト名（5.3.1 節），ドメイン

図 **8.1**　URL の中身

図 **8.2**　日本語ドメイン名の文字の取扱い

名（5.3.1 節），パス（path）などを書いたものです。ザックリ言えば，ホームページの住所や名前を書いたものということですね。図 8.1 を見てください。

　スキーム（scheme）に書かれるプロトコルは，http（8.1.2 節）をはじめ，IANA（ICANN の一部局。歴史的にはいろいろ）によって管理されています。2020 年 8 月 28 日現在で約 330 のスキームが登録されています [1]。クエリ（query）には Web サイトに渡す情報が書かれていて，例えば，検索キーワードだったり，フォームで入力した内容だったりします。

　ドメイン名に日本語を使ったものがあります。ドメイン名というと，ASCII（6.2.1 節）でしか表記されてこなかったのですが，**国際化ドメイン名**（international domain name）として，2001 年 2 月から日本語のドメイン名も登録が OK になりました。日本語を ASCII に置き換えるルール（図 8.2）を取り決めることで，以前からのドメイン名と同じ土俵で扱えるようになります。

### 8.1.2　HTTP〜Web ページに関するプロトコル

　WWW では，URL にて **HTML**（HyperText Markup Language）などのリソースの格納位置を指定して，**HTTP**（HyperText Transfer Protocol）というプロトコルに従ってリソースの送受信を行います。ご存知の通り，Web ページはテキストだけでなく，画像，動画像，音声，PDF，Word，Excel などのアプリケーションデータといった様々なデータを含むことができるので，HTTP はこれらのデータを運べるようになっています。HTTP はクライアント/サーバ型のプロトコルです。Web サーバ（Web のサービスを提供するコンピュータ）に格納された HTML のテキストや，画像，音声などのコンテンツについて，Web クライアント（Web ブラウザ）が Web サーバにコンテンツ転送を要求し，これに対して Web サーバが応答する（コンテンツを

転送する）仕組みになっています（図 8.3）。一般に，仕事を要求する側を**クライアント**（client），提供する側を**サーバ**（server）というので覚えておきましょう。

図 8.4 に実際の HTTP による通信例を示します。これは長崎大学公式ホームページにアクセスしたときの例です。

キーワード：Cookie，Proxy

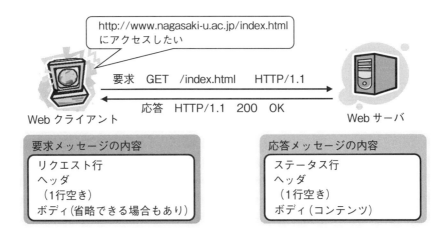

図 **8.3**　HTTP の基本的なやり取り

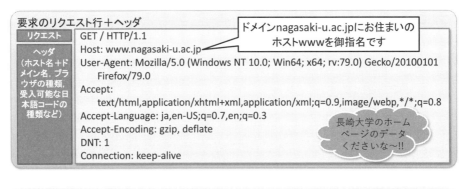

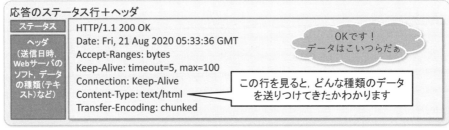

図 **8.4**　HTTP の通信の生データ例

### 8.1.3　HTML とハイパーリンク〜Web コンテンツを作るための「言語」

　HTML は，Web コンテンツのレイアウトや表示するテキストの内容，画像，音声な
どのメディアを指定する言語です。HTML は，W3C（World Wide Web Consortium）
という国際的な業界団体で文法や書き方について取り決められ，様々な Web ブラウザ
で標準的に使われているので，高い汎用性をもっています。Web ブラウザでは受信し
た HTML ファイルを解釈して画面のレイアウトを行い表示します（ブラウザによっ
て，ちょっとずつ表示のクセが違うんですけどね）。HTML はテキストファイルなの
で，文字コードの取扱いに気をつければ，たいていの OS 上で扱うことが可能です。市
販のアプリケーションソフトで作った文書や表のように，開発ベンダー独自の（非公開
か，それに近い）様式，文法で書かれているのとは対照的と言えるでしょう。この違い
が HTML の汎用性の高さを示す大きな特徴です。

　HTML も今のバージョンまで発展するのに，多くの時間が費やされてきました。
2020 年 8 月現在の最新バージョンは HTML 5.2（2017 年 12 月策定）です。

　本書では，HTML の文法の詳細には立ち入りませんが，HTML 最大の特徴につい
て，ほんの少しだけ書いておきます。

**(1)　タグ**

　タグ（tag）は，「<html>」のようにブラケット表示（「<」（ブラ）と「>」（ケッ
ト）で文字列を囲む表示）で表され，HTML ファイルの機能や表示について指示しま
す。基本的に，図 8.5 の <html>〜</html> のように，「始まり」のタグと「終わり」
のタグ（終わりのタグには<の直後にスラッシュ「/」を含むのが特徴）のペアで用い
られ，指示の範囲がこの 2 つのタグの間に限られることを表します。画像表示やチェ
ックボックスの指定など，「終わりのタグ」をもたないものもあります。

　おもなタグをいくつか表 8.1 に紹介します。

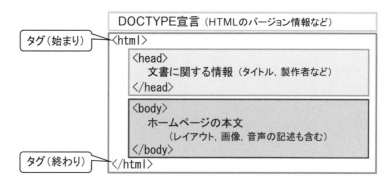

図 8.5　HTML の基本構造（タグに始まりタグに終わる）

表 8.1　おもなタグの種類

| 種　類 | 意　味 |
|---|---|
| `<html>～</html>` | ファイルの内容が HTML ファイルであることを示す。ファイルの冒頭に `<html>` タグ，最後尾に `</html>` を書く |
| `<head>～</head>` | ドキュメントのタイトル，製作者，ドキュメントに関する情報などを記述する |
| `<body>～</body>` | ブラウザに表示するドキュメント，レイアウト，文字色，背景色などを定義する |
| `<img>` | 表示する画像（静止）のファイル名，配置，大きさ，並び方を指定する |
| `<object>～</object>` | 表示する外部オブジェクト（音声や動画）の種類，大きさなどを指定する。～の部分には代替コンテンツを指定する |
| `<table>～</table>` | 表の表示を指定する。～の部分に行と列の表示方法や表の内容を指定する |
| `<p>～</p>` | 段落を指定する。～の部分には一段落分の文章が入る |
| `<a>～</a>` | アンカーとよばれ，始まりのタグの中で文字や画像にハイパーリンクを設定する |

**(2)　ハイパーリンク**

　ハイパーリンク（hyperlink）は，世間一般ではリンク（link）とよばれていますが，ハイパーリンクが正式名称です。これは表 8.1 のアンカーを利用して，自分のドキュメントの文言と関連する他の文献，写真，映像，音楽を結び付ける機能です。下の例のように，HTML ファイルを書くことで，Web ブラウザ上で「長崎大へのリンクです」の部分をクリックすれば，長崎大学のホームページにアクセスできるようになります。

　このように，ハイパーリンクによって，世界中の Web コンテンツはあたかもクモの巣のように結び付けられ，いつでも見たいときに参照することができるのです。

---

例　（ハイパーリンク）

`<a href="http://www.nagasaki-u.ac.jp/index.html">` 長崎大へのリンクです `</a>`

---

**(3)　スタイルシート**

　最初，HTML は学術での情報共有に利用されてきた関係で，画面のデザインのことはあまり考えられていませんでした。しかし，今では，誰もが Web ページを公開するようになり，デザイン性も重視されるようになってきました。そこで，**CSS**（Cascade Style Sheet）が使われるようになりました。CSS は下の例のように「『表示の仕方 ＝ Web ページのデザイン』のルール」を定義したものです。

---

例　（CSS で定義した表示ルール）

　　　.red15{font-size:15pt; color:#ff0000}

　　　.blue10{font-size:10mm; color:#00ff00}

和訳：「red15」と指定したら，文字サイズを 15 ポイント，R が ff$_{(16)}$，G が
　　　00$_{(16)}$，B が 00$_{(16)}$ の色で表示

---

CSS は HTML ファイルに書いてもかまいませんが，一般的には，スタイルシートという独立したファイルに保存されます。これによって，記事（文章や画像など）の編集作業と Web のデザインの作業を独立に（別個に）行うことができるようになります。「私の Web サイトのデザインはこのスタイルシートに統一してカッコよく見せるの！」という芸当も可能になります。企業の Web 作成でも喜ばれるでしょうね。「わが社のイメージはこのカラーなんじゃぁぁぁ！」という作り方もできますし。

キーワード：W3C，XML（Extensible Markup Language），
　　　　　　Web コンテンツ・アクセシビリティ・ガイドライン

## 8.2　情報の検索～基本的な仕組みと方法

検索サイトは，インターネット上に存在する Web サイトに関する情報を集めて，利用者の指定したキーワードに対して最適な Web サイトをリスト化して表示するものです。Google などで「検索サイト」をキーワードに検索すると泣きたくなるような件数がヒットするわけですが，汎用的な有名所といえば，Google，Yahoo，Bing などになるでしょう。では，検索サイトがどうやってキーワードにマッチした Web サイトを探してくるかを説明します。

検索サイトの中核となっているものが**検索エンジン**（search engine）です。検索エンジンはその原理によって大きく次の 2 つに分けられます。

- ディレクトリ型（図 8.6）
- ロボット型（図 8.7）

### 8.2.1　ディレクトリ型検索サイト～人力主体の検索

ディレクトリ型は，運営会社が Web サイトをカテゴリに従って分類しておいて，利用者がそのカテゴリの情報を手掛かりに目的の Web サイトを見つけるものです。基本的に Web サイトの登録は，各サイトの管理者やユーザからの申し込みをもとに行われ（図 8.6 の①），カテゴリに分類（1 つのサイトが複数のカテゴリに入ることもある）とデータベース登録も人の手で行われます（図 8.6 の②）。登録したサイト情報（リンクなど）を検索サイト上で公開して（図 8.6 の③），利用者は希望する Web サイトを探すわけです。

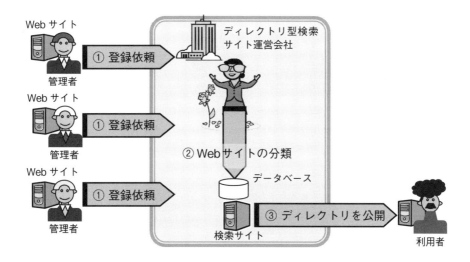

図 **8.6** ディレクトリ型検索サイト

2020 年 8 月現在，いろいろな検索サイトがディレクトリ型検索のサービスを終了させていて，見つけるのが容易ではありません（著者の経験上ですが）。

### 8.2.2 ロボット型検索サイト〜コンピュータによる物量作戦

ロボット型は，インターネット内を自動的に調べるクローラ・モジュールというソフトウェアがロボットのソフトウェアを使い，リンクをたどるなどしてサイトに関する情報を収集します（図 8.7 の①）。収集された Web ページの情報を一時的に蓄えておいて，Web サイトの URL，関連するキーワード，題名，鍵となる文章などの情報を蓄積するデータベースを作ります（図 8.7 の②）。ユーザが入力したキーワードや文章（クエリ）をもとにデータベースを検索し，関連すると思われるサイトをリストアップします（図 8.7 の③と④）。

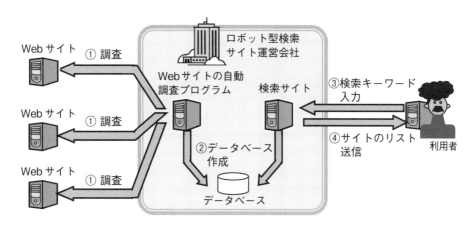

図 **8.7** ロボット型検索サイト

表 **8.2** 検索サイトの特徴

|  | ディレクトリ型 | ロボット型 |
|---|---|---|
| サイト情報収集 | 申請など | 自動 |
| データベース構築 | 手動 | 自動 |
| カテゴリ/分類 | あり | なし |
| ユーザの検索方法 | ブラウズ/キーワード | キーワード入力 |
| 収集する情報 | サイト名，概要 | 全文 |
| リアルタイム性 | 低い | 高い |
| 結果数（検索されるサイトの件数） | 少ない | 多い |
| 結果の適正度 | 高い | 低い |

　このようにディレクトリ型とロボット型には異なる特徴があり，検索したい内容に応じて，どれだけ効率的に検索できるかも変わってきます。そのあたりの様子を表8.2に示します。

　例えば，ディレクトリ型は，階層的にカテゴリ分類がなされているので，探索したい分野があらかじめ絞り込まれているときに有利です。しかし，登録作業や分類作業が人手で行われているために，サイトの更新・変更や新規開設などの情報が検索に反映されるまでに時間がかかるという特徴があります。

　ロボット型は，基本的な処理がすべて自動化されているので，サイトの更新・変更や新規開設などの情報が検索に反映されるのが早くなります。しかし，常に探索するために，情報収集やデータベース作成，検索エンジンのサーバに大変な計算能力・処理能力が要求されます。

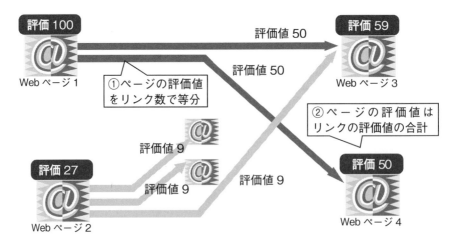

図 **8.8**　PageRank の概念

　検索エンジンの技術的な詳細はほとんど公開されていません。検索エンジンの機能の一部として，Google が開発した PageRank が知られています（図 8.8）[2]。PageRank は，検索キーワードを含む Web ページのうち，リンクに基づいて計算された評価値の高い順にリストアップする技術です。その評価の考え方は，「多数の Web サイトからリンクがはられた『評価の高い Web サイト』からリンクをたどれば，評価の高い Web サイトに到達できる確率が高い」というものです。

　PageRank を含むいろいろな指標と，Web サイト情報のデータベース更新の早さによって，新しい検索情報も的確に反映されるという特徴をもっています。

　同じキーワードで検索しても，検索サイトごとに検索結果が異なることがあります。これは検索エンジンの仕組みや機能のチューニングが異なっているのが原因と考えられます。最近では，検索の際にできるだけ自分の Web サイトが上位に表示されるように，工夫するのがよく行われています。これを**検索エンジン最適化**（Search Engine Optimization; SEO）**対策**といいます。

　キーワード：検索エンジンスパム，リンクポピュラリティ

---

**【課題 8.1】**　SEO 対策として，Web サイトにどのような工夫を施すと効果が見込まれるか，方法を調べなさい。

---

## 8.3　Web アプリケーション〜お買い物から学習まで

　ショッピングや SNS など，利用者に対して個別に提供されるサービスが，当たり前に使えるようになりました。これらのサービスは Web ブラウザ上で提供されていて，利用者に応じて個別の内容を表示する機能やデータ処理の機能をもっていることが特徴です。例えば，ショッピングサイトにアクセスして，商品をチェックしようとすると，前回のアクセス時にチェックした商品と関連する情報が表示されることがありますよね。これは Web サーバ上のアプリケーションソフトウェアが，Web クライアントからの要求や抱き合わせで届いたクエリ情報などを処理して，個別の画面を作ってから応答しているのです。このような仕組みを実現しているアプリケーションソフトを特に，**Web アプリケーション**（Web application）とよびます。

　Web アプリケーションを実現するクラシカルな方法として，CGI（Common Gateway Interface）があります。CGI は，Web サーバと外部の Web アプリの機能を提供するプログラムの間で，データの受け渡しを行うインタフェースのことです。最近では，PHP，JavaScript，Ruby などの**スクリプト言語**（script language）で書かれたプログラムの利用があります。スクリプト言語は，プログラムを 1 行ずつ解釈しながら実行する，インタプリタ型の言語です。図 8.9 に Web アプリケーション動作のイメージを示します。

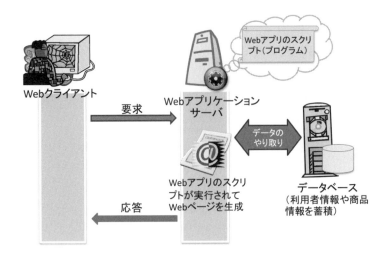

図 **8.9**　Web アプリケーション実行のイメージ

## 8.4　情報検索のススメ

　私たちは，学んでいくうえで，また仕事をしていくうえで，必要な情報をうまく，正しく，効率的に得ていくことが求められています。「ググれば OK じゃないの？」と思う人もいるかもしれませんが，もう少しスマートな方法 [3] を考えましょう。

### 8.4.1　ターゲットを決めよう〜知りたい情報の手がかりは何？

　何か課題が与えられて，それに対して自分で調べてレポートを書くという場面を想像してみてください。調べるときには最初の手掛かりが必要ですね。例えば，以下の項目について，一部でもあらかじめチェックしておくのが望ましいでしょう。

- 調べたい対象がどんなジャンルか？　〜歴史，地理，食べ物，小説など
- キーワードは何か？　〜具体的な名前やタイトル，名前やタイトルに関連のある言葉（検索対象の属性など）
- 言語は何か？　〜日本語？　外国語？
- どの程度新しい話題か？　〜最近の話題か，歴史的事実か

### 8.4.2　検索サイトのセレクト〜近道になる検索サイトはどれ？

　調べたいターゲットがある程度ハッキリしてきたら，「ターゲットに一番近道の検索サイト」を選びましょう。Yahoo，Google，Bing のように，ジャンルを問わない汎用の検索サイトがある一方で，文献，論文，特許，新聞記事など，得意な検索対象がハッキリした検索サイトがあります。表 8.3 にそのような検索サイトを少し紹介します。

表 **8.3** ジャンル別の検索サイトの例

| ジャンル | サイト名 | URL |
|---|---|---|
| 図書（和洋図書，雑誌新聞，電子資料，博士論文，地図など） | 国立国会図書館 NDL-OPAC | https://ndlonline.ndl.go.jp/#!/ |
| 図書（論文，本・雑誌，研究課題・成果，分野別専門情報など） | 国立情報学研究所 CeNii NII 論文情報ナビゲータ | http://ci.nii.ac.jp/ |
| 学術資料（専門誌，論文，書籍，要約，記事など） | Google Scholar | http://scholar.google.co.jp/ |
| 最新の書誌情報 | Amazon.co.jp | http://www.amazon.co.jp/ |

### 8.4.3 キーワードに気合！〜キーワード選びが検索の早道

「検索を成功させるための最も重要なスキルは，適切なキーワードを選択する能力である」と指摘した人がいます。インターネット上の膨大な量の情報の中から必要なものだけを効率よくピックアップしようとするなら，キーワードを選ぶための基礎知識や想像力があった方がよいというわけです。

8.4.1 節でも紹介したように，Web ページに関するキーワードを，収集した Web ページそのものから拾います。つまり，自分の知りたい話題と直接的には関連性が低いと思っても，そのページに載っていそうなキーワードを添えると，効率的によい検索結果を得ることが可能になります。さらに，Web ページの最終更新時期や使われている言語を指定して絞り込む方法もアリです。

表 **8.4** 検索条件の考え方（検索条件の書き方は一例）

| 検索 | 検索条件 | 意味 |
|---|---|---|
| AND 検索 | キーワード A AND キーワード B | キーワード A とキーワード B の両方が同時に含まれるものを検索 |
| OR 検索 | キーワード A OR キーワード B | キーワード A とキーワード B の少なくとも 1 つが含まれるものを検索 |
| 除外 | キーワード A −キーワード B | キーワード A は含まれるがキーワード B を除外して検索 |
| フレーズ検索 | "キーワード A" | キーワード A の字句を変更せずに，完全に一致するものを検索 |
| サイト内検索 | キーワード A site:サイト C | **Web サイト C 内でキーワード A を**含むものを検索 |
| ファイル検索 | filetype:ファイル形式 | txt, docx, pdf などのファイル形式を指定した検索 |

　キーワードは1つでよい場合もありますが，効率的に知りたい話題にたどり着こうと思うと，複数使うのがオススメです。複数のキーワードを巧みに使うには，検索条件を指定するのがマッチベターです。基本的な考え方を表8.4で紹介しましょう。

---

【課題8.2】　自分の関心のあるキーワードを2つ以上使って，Google と Bing にて表8.4の AND，OR，除外の条件を指定して検索しなさい。検索サイトごとに検索結果の上位5件をリストアップして，傾向について比較しなさい。

---

### 8.4.4　内容の吟味〜「正しい情報」かを見分けよう

　インターネットを検索した結果，私たちは知りたい話題に関する情報を入手できたとしましょう。それらの情報は簡単に信じてよいものなのでしょうか？

　ここで，「情報」という言葉の意味を辞書で調べてみますと，以下のような意味があります。

---

① 　事柄の内容，様子，また，その知らせ。
② 　状況に関する知識に変化をもたらすもの。文字，数字などの記号，音声など，いろいろの媒体によって伝えられる。インフォメーション。

---

　①は未加工のナマ情報，②はデータを加工して得られた情報（知識）と解釈することができるでしょう。どちらにせよ，情報の発信源（マスメディア側や情報提供者）の様々な解釈や思惑が含まれていることを見越しておくことが大切です。「情報」はただ鵜呑みにするのではなく，自分で批判的に読み解くことが大事です。上の①と②のうち，どちらの意味の「情報」なのかを区別することも含めてです。

　ここで重要な指標となるのが，**情報の信頼性**と**情報の信憑性**です [5]。情報の信頼性とは，受け取った情報が正当な情報提供者から発信されたもので，伝送の途中でのデータ欠落や，改竄が行われていないという確からしさを示します。情報の信憑性を見極めるには，情報の発信元が信頼できるか，異なる複数の発信元が同じ情報を伝えているかを確かめることが大事です。

　ただし，高い信頼性，高い信憑性をもつ情報であっても，そのまま鵜呑みにするのはキケンです。情報の発信源，すなわち，情報発信者は，自分の解釈や理解に基づいて情報を出してきます。いろいろな思惑で，受け手の理解を誘導することもあります。これらのことを踏まえて，批判的に読み解くことが大切です。ヘンな情報に振り回されたくないもんネ〜。

## 参考文献

[1]  IANA, "Uniform Resource Identifier（URI）Schemes",
     https://www.iana.org/assignments/uri-schemes/uri-schemes.xhtml,
     更新 2020 年 8 月 26 日，（参照 2020 年 8 月 28 日）

[2]  ネットワークマガジン編集部編，「すっきりわかった！ Web 技術―HTTP から
     セキュリティ対策，SEO まで」，アスキー，2005 年

[3]  高鍬裕樹，「デジタル情報資源の検索」，京都大学図書館情報学研究会，2005 年

[4]  関沢英彦，「調べる力―いまどきネットだけじゃ，隣と同じ！」，明日香出版社，
     2010 年

[5]  岡田正，高橋三吉，藤原正敏編，ICT 基礎教育研究会著，「ネットワーク社会にお
     ける情報の活用と技術 改訂版」，実教出版，2006 年

# 9 ネットに向き合うココロの準備

　SNSやミニブログなど，ネットを利用した様々なコミュニケーションを簡単に行えるようになりました。さらには掲示板やブログなどへの書き込み，電子メールの利用など，私たちが情報を発信する場面は多様です。その中で，私たちは何を基準に「よい」，「悪い」を考えればよいのか，情報倫理やネチケットをキーワードにして，お話したいと思います。

## 9.1　情報倫理〜「人間らしく」がキーワード

### 9.1.1　なぜ情報の世界に倫理の話？

　私たちは，インターネットを介して様々な情報を得たり，発信したりしています。少なくとも私たちが日常利用している範囲では，大変便利なものですし，いまだなおその利用範囲は拡大しています。

　ここで立ち止まって考えてみましょう。画面とのにらめっこになってしまって，つい自分1人でインターネットを利用している気になってしまうことはありませんか？特にプライベートで使っている場合にはどうですか？　地球で今コンピュータを使っているのは本当に自分ただ1人だけでしょうか？　そんなことはありませんよね。モニタの向こう側には何億人ものネット利用者がいるのですから。また，一度デジタル化されて，ネットに流通した情報はなくなったり，摩耗したりすることなく，ずっとどこかに残り続けます。

　最近，声高に情報倫理や情報モラルという言葉が叫ばれますが，それは「モニタの向こう側」にいる見えない人々のことを想像して思いやる力，情報を扱ううえでの自分を律する力をもってほしいという願いが込められているのです。

　図9.1のように，なにしろICTは正しく使えば，私たちの生活を豊かなものにしてくれます。しかし，悪用してしまえば，人々に情報やネットに対する不安を与え，不信感を抱かせてしまいます。そればかりか，被害さえ与えることも考えられます。どちらに転ぶかは，すべて私たち人間の意思です。

　**情報倫理**（information ethics）とは，「社会，個人が『情報（システムを含めて）』を扱ううえで，他者に与える様々な影響を考慮するなど，よいことの規範となる原理」と言うことができます。ある人は「情報倫理は情報技術という試練に対する姿勢に顕在

**図 9.1**　ICT 利用の善し悪しを決めるのは人間の意思

化する美学」[1] と定義しています。個人レベルで考えれば，ネチケットを守ってスマートフォンを含むコンピュータを扱うことを習慣づけることが第一歩でしょう（個人の場合は「道徳」といい，共同体の場合「倫理」といいますので覚えておいてね）。また，情報倫理の考え方では，情報社会という巨大なコミュニティを利用する中で，社会的に配慮することや想像力をもつことを求めています。例えば，個人情報を暴露され，自分が知らない所でネットの悪影響を受けている人の人権について考える姿勢や，ネット社会への参加が困難な人への社会的配慮などがあげられるでしょう。なるほど，「情報技術という試練に対する姿勢を考える」という「個人やコミュニティのもつ美学」が社会的な配慮や想像力に現れると考えれば，この 2 つの定義は一見違うように見えても，実は同じことを言っているように思えてきますね。

　次の節では，情報倫理について考えるための例題と，情報倫理と関係するトピックを紹介しましょう。

### 9.1.2　情報倫理の欠如が起こすトラブルの例

　情報倫理の考え方が世界的に理解されているかと問われると，あいにく NO と答えざるを得ません。なぜなら，私たちは情報技術の「試練」を認識するよりも前に，情報技術のもたらす様々な利便性を享受しているからです。実際に，自分が情報技術によるトラブルに見舞われない限り，「試練」であることはわからないでしょう。ここでは，日常生活で起こりそうなシナリオを 1 つ紹介します。これは文献 [1] を改題したものです。みなさんは，「どうすれば問題やトラブルを回避できたのか」，「当事者に欠けていた考え，感性，自覚は何だったのか」など考えながら読んでください。念のために書いておきますが，「これが唯一の正解」というものはありません。そもそも，すべての人が納得できる答えなどないかもしれません。だからといって，「考えるのをヤメる」という姿勢はとらないでください。この章の冒頭にも書きましたが，「情報技術という試練に対する姿勢」が問われ，その姿勢の中にあなた自身の美学が顕れるのですから。

　大学の自習室は平日開放されている。無線 LAN が安定して利用できることから，ノートパソコンを持ち込んで，ネット検索して調べ物をしたり，レポートを書いて e ラーニングシステムに提出したりする光景が絶えず見られる。

　ある日，自習室で，自分と同じ学部の A さんと一緒になった。A さんはあまり自分から打ち解けるタイプではないらしい。自分もあまり話したことはない。

　その A さんが e ラーニングシステムにログインするところをたまたま見かけた私は，「いまソーシャルエンジニアリングをやってるなぁ」などと思いながらも，A さんのパスワードをすべて知ることとなってしまった。「もしかすると私以外にも気づいた人が居るかもしれない」と考え，A さんにパスワードを変えるように勧めようとも思ったが，きっと，助言しても聞いてもらえないと思ったので，特にA さんに伝えることなく，私はレポートを出し終え自習室を後にした。

　学期末に，A さんが e ラーニングシステムにログインできないという事件が起こった。パスワードを変更した覚えがないにもかかわらず，いくら試してもログインできなかったらしい。必修科目の最終レポートを e ラーニングシステムにアップロードして提出する決まりになっていた。A さんはパスワードをリセットしてもらおうと，e ラーニングシステムの管理者を訪ねた。すると海外出張で連絡がつかなかったため，パスワードをリセットしてもらうことができなかった。

　その結果，A さんは最終レポートを締切までに提出できず，必修科目の成績が大いに下がったらしい。A さんは科目担当の先生に事情を説明したが，聞いてもらえなかったそうだ。おそらく，自分と同様に A さんのパスワードを知った者がパスワードを変更したのだろう。私は A さんに悪いことをしたと後悔した。

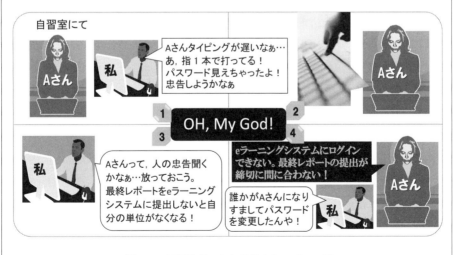

図 9.2　情報倫理の欠如が招くトラブルの例

さて，様々な論点があり得ると思います。以下に例示してみましょう。

(1) たとえAさんが嫌がったとしても，文中の「私」はAさんにパスワードが見えてしまったことを告げるべきだっただろうか？

(2) パスワードを入力するところを見かけたら，顔を背けるなど，内容を見ない工夫をすべきだろうか？　パスワードを声に出しているのを聞いてしまった場合にはどうすべきであろうか？

(3) Aさんのパスワードの管理について落ち度はなかっただろうか？　定期的にパスワードを変更するなど，個人でできる対策はなかったのだろうか？

(4) パスワード管理の義務を学生個人に課すことは妥当だろうか？

(5) なりすましが容易なログインの仕組みを使っている大学が，安全性の向上に目を向けていなかったのではないか？

(6) eラーニングシステムの管理者は，出張中のシステム管理（利用者のパスワードのリセットを含めて）を代理の人に依頼しておくべきではなかったか。

(7) Aさんがコンピュータの取扱いがあまり得意ではなく苦痛を感じている状況だとしたら，「電子ファイルでレポート提出」というルールが，Aさんの学びにとってマイナスになることを大学が強いていることにならないか？

他にも論点はいくらでも出てくると思います。あなたなら，どんな論点と回答を思いつくでしょうか？　感情的にならずに，あなたの道徳性，美的感覚に基づいて考えてほしいと思います。

---

**【課題 9.1】**　以下の文章を読んで，誰に，あるいは，どこに問題があると考えられますか。自分の基準となる考え方を明らかにしたうえで論じてください。

　BさんとCさんは休みの日に旅行に行った。滅多に行けない場所だからと，たくさんの写真を撮っていた。ある場所で動画を撮影することにした。本来その場所は立入禁止であったが，記念なのだからと思って，2人は中に入って撮影した。Bさんは動画をその場でSNSに投稿した。

　すると，SNS上で立入禁止の場所で撮影したことを注意するコメントが寄せられた。Bさんは「撮影後すぐにその場所から立ち退いたのでよいではないか」と反論したところ，さらに咎める意見が山のように投稿された。こういう意見こそ不適切な投稿ではないかと思った。

---

### 9.1.3　情 報 格 差

　情報倫理と関連する話題として，**情報格差**（digital divide）を考えます。情報格差は，情報や情報技術を利活用できるか，できないかで，もたらされる格差のことです。この格差，要因は時代とともに変化しています。

　1990 年代，インターネットにアクセスするための端末を保有しているか，そうでないかで，格差が発生しました。経済的な不平等や社会的な不平等にもつながりました。要因として，経済的な問題，地域による格差，世代による格差，心理的な要因（生理的に受け付けないなど）もありました。これらの要因による格差は，2020 年 8 月の時点でも存在すると考えられます。経済，地域，世代の要因については，総務省の情報通信白書を見てください。

　21 世紀に入ると，情報格差の要因が変化しました。情報の信頼性の評価と，情報の解釈について生じる格差に焦点が当たるようになりました。つまりは本当に正しくて，役に立つ情報にたどり着けるかどうかについて，格差が起きているということです。特に，近年パーソナル化の技術が普及して，入手できる情報が，個人の利用傾向に合わせて絞り込まれた範囲に偏ることが考えられます。すると，本来一番必要とする情報へのアクセスを妨害されるという意味で，情報の遮断が発生します。この情報遮断によって，新しい発想のためのヒントを得ることが難しくなってしまいます。

### 9.1.4　その他で気にすべき情報倫理関連の話題

　情報格差の他に，情報倫理に関連して気にすべき話題をいくつか紹介します。

#### (1)　不適切な情報発信

　近年，不適切な情報発信が社会問題になっています。バイトテロ，リベンジポルノ，デマなど，SNS などを通じて一度発信され拡散されると，その完全な削除は極めて困難，というかムリです。その内容がインターネット上に残り続けることで，社会的，経済的，精神的に様々な面で被害者に不利益を生じることが考えられます。

　こういった情報発信の責任の所在ですが，まずは発信者でしょう。これらの情報の拡散に加担した人も法的責任が問われるようになってきました。表現の自由と，その結果に対する責任とのバランスが問われる時代になってきたと考えられます。

#### (2)　情報技術によって起こるプライバシの侵害

　情報技術が日々発展することによって，個人に関する様々な情報が収集され，処理されるようになってきました。その結果として起こるプライバシ（11.1.2 節）の侵害について考える必要があります。

　一例として，街頭の監視カメラの場合を考えます。犯罪抑止や事件・事故の早期解決への貢献が期待される一方，住民の生活監視やプライバシ侵害につながるとの指摘があります。監視映像が不適切に運用されて，その結果として住民のプライバシが侵害されたら，どこに，誰に，問題があると考えるべきでしょうか。監視カメラの設置そのもの？　影響の事前チェックの甘さ？　運用の体制？　いろいろ考えられると思います。

　次に，データ解析によるプライバシ侵害を考えます。ビッグデータ（big data）という用語に見られるように，膨大なデータを集めて解析することがビジネスと結び付きを深めています。これまで想像できなかった新たな価値が見いだされ，それが新しいビジ

ネスを作り出すことが期待されています。しかし，そうした解析がもとで個人のプライ
バシを特定できた場合には，侵害につながるでしょう。この場合では，どこに，誰に，
問題があると考えるべきでしょうか。近年では，計画段階でプライバシの課題まで考え
る，**プライバシ・バイ・デザイン**（privacy by design）の考え方が知られています [7]。

**(3)　情報技術によって起こる事故**

　情報技術は目覚ましく進展していますが，それによって人を怪我させる事故を起こ
した場合を考えましょう。近年，高いレベルの自動運転技術の開発が盛んに行われてい
て，人工知能を利用していますが，2020 年 8 月時点では，完全自動運転の乗用車は市
販には至っていません。このような自動車が仮に実験中に事故を起こして，通行人など
を怪我させたとしましょう（国外で事例があります）。そのときの責任は誰が負うべき
でしょうか？　開発者，所有者，運転者，その他の関係者など，状況によって変わるも
のなのかもしれません。文献 [7] にこのあたりの議論があります。

### 9.1.5　情報倫理と法律の関係〜個人と秩序は違うんじゃ

　情報倫理に基づく判断でコンピュータを使っていくことが，情報化社会の一市民と
して求められているということを上で紹介しました。では，個人の自主性や企業の努
力だけでなく，国として情報倫理について考えられていないのか？　という疑問がわい
てきますね。その答えは，ICT に関係する法律はありますが（11.3 節），図 9.3 のよう
に，基本的に法と（情報）倫理は独立した関係と考えられます。法は法であるからこそ
遵守しなければならないもので，そこに倫理性が伴うとは必ずしも言えないというので
す。基本的に法律は国家を国家としてまとめるためのものであり，社会的な利害調整の
側面も大きいでしょう。そういった事柄と，個々人の道徳感やコミュニティの倫理感と

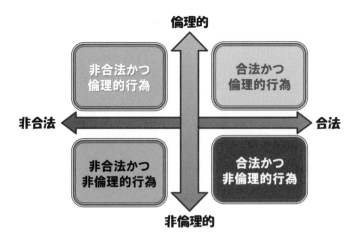

図 **9.3**　情報倫理と法律の関係

直接関係するとは言い切れないと考えられます。異なる意見もあると思いますので，ぜ
ひ考察してみてください。

## 9.2 ネチケット～メールや Web の利用はエレガントに

最近，電子メールを使う機会が減っている人も少なくないと思いますが，電子メール
や Web などを利用するうえでのマナー＝ネチケットは知っておいて損はありません。
ここでは，特に電子メールに的を絞ってネチケットやメールの書き方を説明することに
しましょう。SNS，LINE，Twitter などの投稿の際にも役立つと思います。

### 9.2.1 ネチケット～インターネット活用上のマナー

電子メールは今でも世界中でよく利用されています。ですから，1 人 1 人がマナー
を守っていかなければなりません。このようなネットワーク（ここではインターネッ
ト）を利用するためのエチケットを**ネチケット**（netiquette）といいます [8]。ここで
は，ネチケットの中で，電子メールに関するものをいくつか取りあげます。ここに書い
てあることは，日常生活で必要な内容を抜粋し，要約したものです。また，著者の経験
に基づいたコメントを所々書いています。ネチケットと実際の利用のギャップや，ちょ
っとした利用のノウハウを知っていただければと思います。

1) メールを出す前に，相手のメールアドレスをよく確認しましょう。間違いメール
   は大変失礼です。また，メーリングリストのように，メールアドレスが 1 つであ
   っても，同時に多くの人が受け取ることもありますから注意してください。
   （著者註：SNS などであれば，「公開の範囲を確かめているか」ということにあた
   るでしょう）

2) 本文に署名（自分の名前，連絡先（自分のメールアドレス程度が適当でしょう））
   を書きましょう。差出人不明のメールにしないためです。ネチケットでは，相手の
   メール環境のことを思いやって，（パソコンから送信する場合には）4 行程度まで
   にすることを推奨しています。

3) 一般的に，インターネット上のメールは安全ではありません。あなたが葉書に書
   かないようなメッセージ（クレジットカード番号やパスワードなど，他人に知られ
   たくない個人情報や非公開情報など）は決してメールに含めてはいけません。
   （著者註：基本的にメールはインターネット上で盗聴可能なのだと思いましょう）

4) 電子メールは，送ったことはわかるのですが，（LINE などと違って）相手に無
   事届いたのか，相手がちゃんと読んだかはわかりません。送った電子メールに対
   して，返事がすぐに来なくても，「無視された」などと思わないようにしましょう。
   相手にも都合があることを忘れないでください。

5) 相手がパソコンでメールを読む場合，1 行あたり，アルファベットで 65 文字程
   度，日本語なら 32 文字程度書いたら，必ず Enter キーを押して，改行しましょ

う。そうしないと，文章が横に長くなり，大変読みにくくなります。

6) 「幸福の手紙」や「不幸の手紙」のように，別の人に同じ内容のメールを送ることを要請する電子メールを出してはいけません。このようなメールはチェーンメールとよばれ，どんな理由があっても許されないものです。

7) 送る電子メールの内容には慎重さを，受け取った内容には寛大さを心がけましょう。たとえ挑発されたり，非難されたりしても，感情的な電子メール（flame mail）を送らないようにしましょう。このようなものに対しては返事しないのが賢い方法です。

（著者註：どうしても返事しなければならない場合には，すぐには出さずに，1日ぐらい時間をおいて，冷静になってから出すのも1つの方法です）

8) ある程度に簡潔な表現を心がけましょう。返事を出すときに引用するのは，話の流れを理解するのに必要な部分にとどめて，それ以外の部分は削除しましょう。

（著者註：ビジネスで，電子メールを受け取った全員が話の流れを追えるように，意図的にメッセージ全体を引用するケースがあります。すると同じ案件についてメールのやり取りを続けるうちに，メールが長くなります）

9) あなたが受け取ったメッセージを他人に転送したり，再送信したりする場合には，元のメッセージに手を加えてはいけません。あなた宛の個人的なメッセージをあるグループ（メーリングリストなど）に再送信する場合には，あらかじめ発信者に再送信の許可を求める必要があります。メッセージの一部を引用する場合でも，出典（元のメッセージや発言者が特定できるような情報）を必ず示しましょう。

10) これは特に国際的にメールをやり取りする場合の注意です。受信者は，文化，言語，ユーモアの基準があなた自身とは異なっている人間であることを忘れないでください。日付の書式，計測単位，慣用語は地域によって異なることがあることを覚えておきましょう。

（著者註：外国向けの手紙では，書き出しや文末の書き方など，日本の習慣と異なっているので要注意です。日付ですと，日本的には年/月（例：2020年8月）の順で書きますが，英語では，月/年（例：August 2020）の順で書く場合があります。他に，重さのグラムとポンド，距離のメートルとマイル，気温の摂氏温度（℃）と華氏温度（°F）などがあり，宛先ごとに確認が必要です）

### 9.2.2 日本的！？ 失礼にならない安全なメールとは？

メールなど，自分が発信する文章を書くとき，一般的なネチケットを守ることは当然ですが，社会的に通用する書き方をしていく必要があります。それは，私的な利用であっても，基本的には同じと考えるべきです。例えば，目上の相手やビジネスの相手に出す場合では，親しい人に送る場合と違って，社会的なマナーを守って書くことが要求されます。ここで，「えぇっ！？」なんて驚く人がいたら，こっちが「えぇっ！？」ってビックリしちゃいますので，ココは大人しく同意してください。

　では，どんな文面なら通用するでしょうか？　ここでは，問題のある書き方をしたメールを修正することで，失礼にならないメールの書き方を考えていきましょう。

**(1)　問題のあるメール**

　例1　件名が書かれておらず，宛名や差出人について本文に書かれていないメールはヒジョーにヤバいです。簡潔な件名を書いたうえで，本文中に宛名と差出人を明示するのは必須です。

```
Subject:
Date: Thr, 24 Dec. 2020 12:50:34 +0800
From: "Y. Ieshige" <s000000a@hogehoge.ac.jp>
To: <***@****.**.jp>
レポートの締め切りはいつですか？
```

　例2　件名に自分の名前を書くなど，一見無駄のないメールに見えますが，宛名の人名を書き間違えたり，表現に配慮が見られないなど，致命的なメールです。

```
Subject:家重です。
Date: Thr, 24 Dec. 2020 12:50:34 +0800
From: "Y. Ieshige" <s000000a@hogehoge.ac.jp>
To: <***@****.**.jp>　　　実は宛先は山田先生だった！
山本様レポートの提出先を教えてください
```

**(2)　失礼にならないメールの書き方**

　上の2つの例，SNS的には当たり前と思えるかもしれませんが，社会的にはアウトです。就職活動でこんなメールを出したら，面接にもたどり着けないでしょうし，仕事上の取引先にこんなメールを出したら，「エライこっちゃ」ってことになります。「私はやるべき時にはキチンとできるから大丈夫なんです！」なんて自信満々な人が時々いるんですが，著者の（オヤ〜ジ的な）経験上，そういう人ほどできていません。

　ああ，説教くさい文章になって，とってもイヤ！　まあ，適切な考え方さえ理解すればできますから，安心してください。一部ネチケットと重複しますが，失礼にならないための6つポイントを押さえておきましょう。その根本は，相手への配慮です。

　①　簡潔なタイトルを書き，送受信者は明確に本文中に書く
　②　本文の1行目は相手のフルネームを書く
　③　自分の姓名は相手より1行以上下げて書く（文頭で差出人として名乗るときのマナーです）
　④　本文中で，相手の名前の途中に改行を入れない

⑤　相手に配慮した表現をする

⑥　連絡に必要十分な署名を書く（本文の最後に，署名として氏名，肩書き，連絡先などを書く）

　これらを踏まえて，上の例を書き換えると以下のようになります。文中の吹き出しは，上の6項目のいずれにあたるかを書いています。

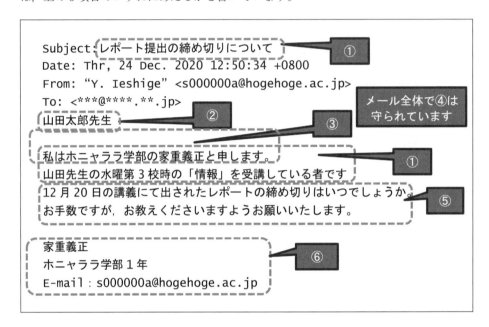

　まるで紙の手紙を書いているような感じがすると思います。メールなどの電子的な発信であっても，手紙と同じ配慮が必要だということですね。

## 参考文献

[1]　静谷啓樹，「情報倫理ケーススタディ」，サイエンス社，2008 年

[2]　越智貢，土屋俊，水谷雅彦編，「情報倫理学—電子ネットワーク社会のエチカ」，ナカニシヤ出版，2000 年

[3]　梅本吉彦編著，「情報社会と情報倫理」，丸善，2002 年

[4]　辰己丈夫，「情報化社会と情報倫理」，共立出版，2000 年

[5]　青柳武彦，「情報化時代のプライバシー研究—『個の尊厳』と『公共性』の調和に向けて」，NTT 出版，2008 年

[6]　山本喜一監修，久保木孝明著，「リスクマネジメント，コンプライアンス，システム監査　情報社会と情報倫理」，近代科学社，2011 年

[7]　角田美穂子，工藤俊亮編著，「ロボットと生きる社会—法は AI とどう付き合う？」，弘文堂，2018 年

[8] サリー・ハンブリッジ著，高橋邦夫訳，"ネチケットガイドライン（RFC1855）日本語版"，https://www.cgh.ed.jp/netiquette/rfc1855j.html，更新 1996 年 2 月 2 日，（参照 2020 年 8 月 27 日）

# 10 情報セキュリティ
## ～正しく守り使うための知識と知恵

　パソコン，タブレット，スマートフォン，… 実に様々な情報端末を扱うご時世ですが，私たちが情報システムを扱ううえで，避けて通れないのが情報セキュリティです。

　この章では，情報セキュリティとは何かを明らかにして，私たちが個人，組織の2つの視点から，情報セキュリティを確保するために，なすべきことを考えていきたいと思います。

## 10.1　情報セキュリティとは～ICT を悪用する者からネット社会を守るのさ

　私たちの生活は，今世紀 ICT への依存度を高めていると言えます。例えば，

　✓ 検索エンジンを使った情報検索

　✓ 文書，写真，動画など，表現方法が多様化した SNS による情報発信

　✓ 様々なアプリケーションソフトウェアの機能のクラウドサービス

　✓ インターネットショッピングやオンラインバンキングのような金銭のやり取り

　✓ 役所へのオンライン申請　など

　このようなネットサービスが広く浸透して，インターネットや情報端末は，電気，水道，ガス，交通などと並んで，社会を支える基盤の1つになりました。それだけに，コンピュータやインターネットの安全を脅かす事件が起きれば，たちまち経済や社会生活に深刻な影響を与えるようになりました（図10.1）。

　実際に，コンピュータウイルス，不正アクセス，個人情報漏洩，フィッシング詐欺など，ICT に関連したトラブルや犯罪が多発するようになりました。そのたびに盛んに報道されていますので，みなさんの記憶にもあることでしょう。企業のインターネット商取引が停止…，オンラインバンキングを提供していたネット銀行でトラブル…，携帯電話会社のネット接続機能のトラブル…，企業からの顧客の個人情報漏洩…，スマートフォンからの個人情報漏洩…，なりすましによる犯罪予告書き込み…，クラウドサービスの停止・廃止…，どれ1つとっても，一度起きてしまうと，社会に重大な支障をもたらすものばかりですよね。

　歴史的にはインターネットは研究用ネットワークだった経緯があり（2.2節），構成する装置やコンピュータの故障は想定していたでしょうけれど，利用者の不正行為が原

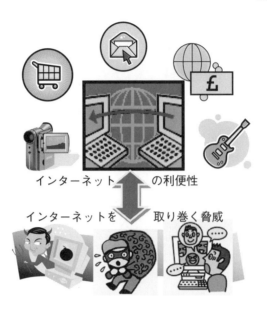

**図 10.1**　インターネットの利便性の中に渦巻く脅威

因でダメージを受けることは十分には考えられていたとは言えません。インターネット
が商用利用され始めて，様々なネットサービスが現れる中で，情報や情報システムの安
全性がどれだけ脅かされているかがわかったわけです。おかげで，様々な危険からコン
ピュータやインターネットを守り，正しく利用できるようにするために，**情報セキュリ
ティ**（information security）が欠かせなくなりました。単に「情報や情報システムを
守る」というよりは，「地球規模の社会基盤を守り正しく使う」と考えれば，その重要
性について納得がいくと思います。

### 10.1.1　情報セキュリティとセキュリティリスク～敵を知り己を知れば百戦危うからず

　では，情報セキュリティとは何でしょう？　それは，「正当な権利をもつ個人や組織
が，情報や情報システムを意図通りに制御できること」です。くだけた言い方をすれ
ば，「利用する権利をもつユーザが，情報や情報システムを，外部から邪魔されずに，
思い通りに正しく使えること」とも言えます。国際標準化機構（ISO）や日本産業規格
（JIS）では，情報の機密性，完全性，可用性というキーワードとともに定義されてい
ます。これらの性質は以下のように説明されます。

- **機密性**（Confidentiality）　許可された人だけが情報にアクセスできる。
  例：自分のスマートフォンは正しいパスコードを入力することで利用できる。
- **完全性**（Integrity）　情報が改竄されず，正確に完全である。
  例：商品の注文書をメールで送って，相手はこちらが送った通りの注文書を受
  け取った。

・**可用性**（Availability） 許可された人が必要なときに情報や情報システムにアクセスできる。

例：レポートを提出しようとして，午後 11 時に e ラーニングシステムにアクセスして普通にレポートを提出することができた。

情報セキュリティを維持しようと思えば，自分の扱う情報や情報システムに対して十分にセキュリティリスクの高低を分析する必要があります。**セキュリティリスク**（security risk）とは，「情報セキュリティに関する目的（達成したいこと）に対する不確かさの影響」です。これでは何のことだかさっぱりわからないので，図 10.2 で説明します。情報セキュリティに関する目的（例：ノートパソコンの機密性を維持する）があったとき，本当は目的を達する方向（図中の①）に向かっていきたいわけです。ところが，ノートパソコンに向かう方向をねじ曲げて（図中の②）しまう不確かさ（例：マルウェアの有無がわからない）があると，将来起こりうる結果（例：データの漏洩）が生じてしまい，目的と比べてギャップを生じること（図中の③）になります。これが「不確かさの影響」であり，リスクの本質です。何回か読み返しながら雰囲気をつかんでください。

セキュリティリスクによって，実際に損なわれた事態のことを**情報インシデント**（information incident）といいます。図 10.2 の「将来起こりうる結果」が実際に起きた場合，情報インシデントになるというわけです。

実際のセキュリティリスクの分析は結構大変なものです。ここでは，世間でよく用いられている方法に基づいて大まかに書いてみましょう。ポイントはセキュリティリスクの程度を数値にすることで，その大小を比較できるようにすることです。

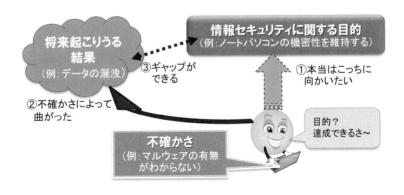

図 **10.2** セキュリティリスクの意味

① 自分の情報資産（パソコンのような機器から仕事のマニュアルまで）のもつ資産価値（機密性・完全性・可用性）の高さを割り出す。

✓イメージ：あるオフィスでは，デスクトップパソコン90台を業務に使っている。1台のパソコンが1時間使えなくなったとき（可用性が損なわれたとき）の被害金額を10,000円と見積もった。

② 資産価値を損なう脅威にどんなものがあるか分析し，発生の頻度を見積もる。

✓イメージ：突然オフィス全体が8時間停電する脅威は，10年に1回起こると見積もった。

③ その脅威は情報資産のどんな脆弱性を突いて発生するのか分析し，実際にその脆弱性をつかれたとき，自分たちがどの程度対応できそうか見積もる。

✓イメージ：建物全体の停電の脅威はどこかで電気が寸断されると起こるが，どこで起きたかを特定するのに8時間程度を要する。

④ 上の①～③の結果を総合して，リスクの大きさを見積もる。

✓イメージ：端末教室の90台のデスクトップパソコンが8時間使えない事故の予想被害金額を年額で計算する。予想被害金額は1回あたり90台 × 8時間 × 10,000円 ＝ 720,000円となる。

発生頻度が10年に1回だから，1年あたり720,000円÷10年 ＝ 72,000円/年と見積もることができる。

リスクの分析結果に基づいて，自分がどれだけセキュリティ対策に投資できるかを考えながら，リスク対応の優先順位を決めて，対策することになります。

セキュリティリスクの要因を図10.3に紹介します。組織のもつ情報資産の価値を脅かす脅威として，マルウェア（ウイルス，スパイウェアなど悪意のあるソフトウェア），不正アクセスなどによる組織内への侵入，サービス妨害などがあります。実際の脅威は組織の外だけではありませんけどね。これらの脅威は，セキュリティホールといったソフトウェアの脆弱性（ザックリいうと弱点），セキュリティ機能の不備といった脆弱性

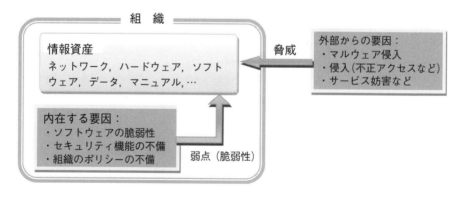

図 10.3　セキュリティリスクの要因

によりもたらされます。最も恐ろしい脆弱性は，組織内に情報セキュリティについて文化が醸成されていないことです。要は人間の方がヤバいんです。

　セキュリティリスクを放置して，情報インシデントを発生させることがあります。一度，情報インシデントを起こせば，リスクを認識していたかどうかに関係なく，社会的な責任問題になってしまいます。被害総額（賠償を含む）が高騰する一方の個人情報漏洩事件や，コンピュータのウイルス感染やセキュリティに関する設定不備による機密情報のネット流出事件などは，まさにその典型的な例と言えるでしょう。

---

**【課題 10.1】**　以下の4つのセキュリティリスクについて，1年あたりの予想被害金額が高い順にリスク対策を行う計画を立てようと思っています。4つのセキュリティリスクについて，1年あたりの予想被害金額を計算して，リスク対策をとるべき優先順位の高い順に並べなさい。

　　① 1回あたりの予想被害金額が1億円で，発生頻度は140か月に1回と想定

　　② 1回あたりの予想被害金額が10万円で，発生頻度は15か月に1回と想定

　　③ 1回あたりの予想被害金額が500万円で，発生頻度は4年に1回と想定

　　④ 1回あたりの予想被害金額が1万円で，発生頻度は6か月に1回と想定

---

### 10.1.2 情報セキュリティ対策の柱～技術，管理・運用，ルール，倫理

　情報を守り，安全にICTやインターネットを利用するには，様々なレベルの対策が欠かせません。情報セキュリティ対策の視点は，図10.4のように，技術，管理・運用，ルール，倫理の4つからなり，それぞれが密接に関連させることが重要です。まず，倫理観に基づいて，組織の状況に即した「正しい利用」のためのルールを作ります。次

図 **10.4**　情報セキュリティ対策の柱

に，システムの管理者や利用者が，情報セキュリティのルールについて教育を受けて正しい知識を身につけ，技術を正しく運用することで，不正行為や事故を阻止したり，被害を最小限に抑えたりします。技術によって，「原理的に」あるいは「可能な限り」，安全な状態を維持するための対策を講じます。情報セキュリティの確保には，これらの四段構えの備えが必須なのです。いわば，スポーツの「身・技・体」と同じような考え方です。どれか1つが欠けても，真の情報セキュリティは実現できません。

## 10.2　情報セキュリティのキーテクノロジー〜技術者たちの闘い

確実に情報の CIA（機密性，完全性，可用性）を維持するために，たくさんの情報セキュリティ技術が開発されています。ここでは，暗号と認証を取りあげます。

### 10.2.1　暗号〜機密性〜ネット社会の「合言葉」

暗号の考え方はとてつもなく古い時代から知られています。カエサル（Caesar）の時代には，戦のために暗号による手紙のやり取りをしていたそうです（シーザー暗号）。第二次世界大戦では，ドイツがエニグマとよばれる暗号化，復号化の装置を使っていました。新たな暗号が使われれば，それを解読する方法も考えられてきました。情報をもつ者がどれだけ優位に立てるかということを示しています。ちょっと歴史を見ただけでも，暗号は大事な技術だと気づかされますね。

さて，ネット社会で使われる**暗号**（encryption）[2] は高度な整数の計算に基づく方式がとられています。詳細に立ち入ると，半年くらいの数学の話になってしまうので，ここでは暗号化法の分類と特徴を紹介します。

### (1)　共通鍵暗号

**共通鍵暗号**（common key encryption）は，図 10.5 のように，メッセージを送る人

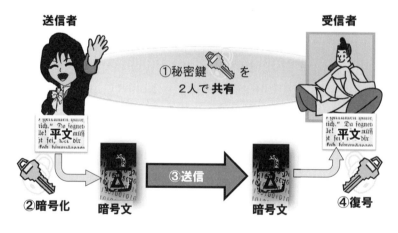

図 10.5　共通鍵暗号

表 10.1 共通暗号方式の例

| 方式 | 一度に暗号化できるビット数 | 共通鍵のビット数 | 特徴 |
|---|---|---|---|
| **DES**<br>（Data Encryption Standard） | 64 | 56 | 1977 年にアメリカで標準となった。数学的な解読法を用いて効率的に解読可能。一般では使われない |
| **AES**<br>（Advanced Encryption Standard）* | 128 | 128, 192, 256 | 2000 年にアメリカで標準となった。ラインダール暗号ともいう。安全で高速に計算できる |
| **Camellia*** | 128 | 128, 192, 256 | 2000 年に NTT と三菱電機が提案。数学的な解読法に対して安全 |
| **KCipher-2*** | 1 か 8 | 128 | 2007 年に KDDI と九州大学が提案。上記のブロック暗号と異なるストリーム暗号の一種 |

＊2020 年 8 月現在，日本の電子政府推奨暗号リスト [10] に掲載されています。

（送信者）と受け取る人（受信者）が同一の**秘密鍵**（secret key）（もしくは**共通鍵**（common key）。例えば 128 bit や 256 bit の 2 進数）を共有していることを前提として，暗号化と復号化の計算を行う暗号化方式です。ここでいうメッセージとは，電子メールのような文字データ，ワープロソフトで作成したファイル，デジタル画像，音楽データなど，とにかく 2 進数で表されたデジタル情報をさします。共通鍵暗号では，メッセージを一定のビット数でブツ切りにして，コマ切れの単位で，様々な 2 進数の計算を駆使して暗号化します。復号化は，暗号化と同一の秘密鍵を用いて，暗号化と逆の順序で計算することによって行います。

　当然のことではあるんですが，共通鍵暗号は秘密鍵が漏洩しないことが安全性の 1 つの根拠です。表 10.1 のように，共通鍵暗号には様々な計算方式があります。すべての秘密鍵を試す総当たり攻撃よりも，計算回数の少ない（効率的な）解読方法が出てこない限りは安全と考えられます。その意味では DES はもうダメ DES ぅ！

**(2)　公開鍵暗号**

　共通鍵暗号では，どうやってあらかじめ秘密鍵を安全に共有するかが大問題となっていました。それに対して，1976 年 Diffie と Hellman によって，ペアの鍵情報を用いた暗号化方式のアイデアが示されました（誰，ミッ〇ィーなんて言ってるのは！？）。一方の鍵情報で暗号化されたメッセージは，同じ鍵情報では復号化できず，もう一方の鍵情報を使って復号化できるというのです。この性質を利用して，**公開鍵暗号**（public key encryption）という方式が開発されました。

　イメージを図 10.6 に示します。受信者は 2 つの鍵情報を作ります。一方の鍵情報を**公開鍵**（public key）として送信者に送ります。もう 1 つの鍵情報は**秘密鍵**として，受

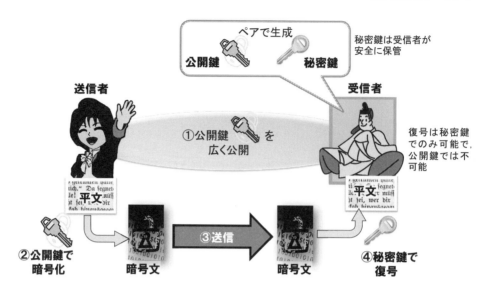

図 10.6　公開鍵暗号

信者が安全かつ非公開で保管します。これによって，鍵情報を安全に共有することがで
きます。公開鍵は誰に見られたっていいんです。そのうえで，送信者は受信者の公開鍵
を使って，メッセージを暗号化し相手に送ります。受信者は受け取った暗号文を自分の
秘密鍵を使って復号します。

　公開鍵暗号の応用として，署名した人とデジタルデータがホンモノであることを証明
する，**デジタル署名**（digital signature）があります。ビットコインなどの仮想通貨の
システムで使われています。

　公開鍵暗号の計算方法も実はいろいろありますが，代表的な方法として RSA 暗号が
あります。この方法で使われる鍵情報のビット数は，2020 年 8 月現在，2,048 bit 以上
が推奨されています。もう数年後には，もっと長い鍵情報（3,072 bit 以上）を使うよ
うになるでしょう。あ，鍵長の短い楕円曲線暗号が主力になるかな？　それとも量子コ
ンピュータ（2.1.6 節）による本格的な攻撃によって，公開鍵暗号崩壊の日が来ちゃっ
たりして。

　余談なんですが，RSA 暗号には，何とも不思議で面白い整数の性質が使われてい
るのです。「ある数字で割った余り（「ある数字を法とする」といいます）」と「べき
（$a^p$）」（ザックリ言えば，掛け算です）と「素数（1 とその数字以外で割り切れない数
字）」を使った数学を用います。この辺の話をホンキで説明するには紙面が足りないの
で，このくらいにしておきます。

　キーワード：楕円曲線暗号，超楕円曲線暗号，ブロックチェーン

## 10.2.2　本人認証〜わたしは「私」よ！

　**本人認証**（authentication）は，コンピュータ上やネットワーク上で，利用者本人で

表 10.2 認証の分類

| 分 類 | 方 式 | 得失，利用例 | |
|---|---|---|---|
| 記憶に基づく認証 | パスワード認証 | （特長） | 特別な装置が不要で，ソフトウェアの処理だけで実現できる |
| | | （問題） | 忘却，メモなどの漏洩により，なりすましのリスクが高まる |
| | | （利用例） | パソコンのユーザ認証，ワンタイムパスワード（使い捨てパスワード） |
| 所有物に基づく認証 | IC カード認証 | （特長） | IC カードは暗号通信ができて，複雑な認証情報を格納することができる |
| | | （問題） | IC カードと本人の関連づけが自動では難しい。紛失すると，認証できなくなる |
| | | （利用例） | 身分証，交通系カード，銀行のキャッシュカード |
| 身体的行動的特徴に基づく認証 | バイオメトリック認証（生体認証） | （特長） | 紛失がなく，高精度に認証できて，なりすましが困難 |
| | | （問題） | 本人なのに認証に失敗したり（本人拒否），他人なのに認証に成功したり（他人受入）することがある。導入コストがかかる |
| | | （利用例） | 施設の入退室管理，銀行 ATM の本人認証，パソコンのユーザ認証 |

あることを確かめる仕組みです。自分のパソコンやユーザ登録された Web サービスにログインしようとすると，ユーザ ID とパスワードの入力を求められます。これがまさに認証です。利用者を識別する ID を利用者本人が使っていることを，本人だけが知っている（ハズの）秘密情報であるパスワードによってチェックしているのです。この外にも，「いつ誰が部屋を出入りしたか」を記録できるように，認証装置のついた鍵を取り付けて，入退室管理する例もあります。ネット上で顔が見えない利用者を「間違いなく本人だ！」と判断できる情報を選ぶのは，案外難しいのです。認証には，表 10.2 に示すような 3 種類の基本的な考え方があり，それぞれ長短があります。実際，表 10.2 の 2 種類あるいはすべて使って認証を行うシステムもあります。支払えるコストと確保したいセキュリティのレベルによって使い分けます。

　パスワード認証以外では，所有物に基づく認証として **IC カード認証**が，また身体的行動的特徴に基づく認証として**バイオメトリック認証（生体認証）**が知られています。
　キーワード：ワンタイムパスワード，Felica，指紋認証，静脈認証，虹彩認証

---

**【課題 10.2】** 自分のパソコンやスマートフォンで用いられている認証方式について説明しなさい。

---

表 10.3　その他のセキュリティ技術

| 種　類 | 概　要 |
|---|---|
| ワンタイムパスワード | 別名「使い捨てパスワード」。時間や認証ごとに変わるパスワード生成の仕組みを使って，パスワード認証を行う。ワンタイムパスワード生成用トークンにより生成する方法などが知られている |
| デジタル署名 | 公開鍵暗号を応用して，ファイルの改竄の有無や，署名者が正しく署名したかを確かめる |
| 電子マネー | 暗号技術を応用して，電子情報に匿名性や所有者を変えられる機能などを付加することによって，現金として利用できる IC カードシステム |
| 電子投票 | 票の匿名性と，正しく投票されたことを特殊な暗号やデジタル署名によって保証する投票システム |
| 侵入検知システム | サーバなどで不正アクセスの通信が届いたことを検出する仕組み |
| spam フィルタ | メールに含まれている内容が spam の特徴を備えているかどうかを，ブラックリストやシステムの経験などに基づいて判定するシステム |
| 電子透かし | デジタルコンテンツ（映像，音楽など）に著作者情報などを埋め込む技術。コンテンツの購入者，著作権者がもつ特別なソフトウェアにより透かし情報をチェックできる |

　その他にも，様々なセキュリティ技術がありますが，すべてを列挙すると事典 1 冊分くらいになるので，ほんの一例を表 10.3 に示します。

## 10.3　個人のセキュリティ対策〜危険であると認識することが基本

　パソコンにしても，スマートフォンにしても，タブレットにしても，とっても便利なので，無意識にいろいろな Web サイトを見たり，アプリケーションをダウンロードしたりします。ですが，そこには大変な脅威がゴロゴロしています。例えば，自分のパソコンやスマートフォンを遠隔で他人に操作されたり，中に入っている電話帳情報やらクレジットカード情報を抜き取られたり…。実際に事件も起きました。というわけで，情報セキュリティは他人にしてもらうのではなく，自分の問題として認識しなければいけません。

　ここでは，個人がとるべき，最も基本的な情報セキュリティ対策を説明します。

### 10.3.1　ID・パスワードの管理〜大量にあってもがんばろう！

　みなさんはネット通販や SNS など，いろいろなサービスを利用するために，ID とパスワードを登録していると思います。ID とパスワードの組が増えると管理が大変です。一組の ID とパスワードを使っている人，いませんか？　ラクではありますが，ヒジョーに危険です。図 10.7 のように，1 つのサイトから ID とパスワードが流出すると，そ

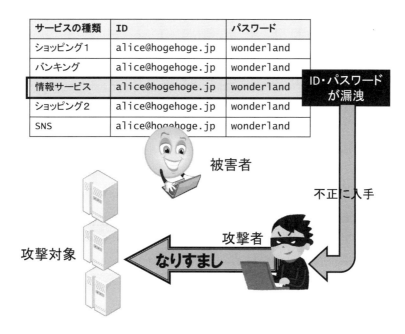

| サービスの種類 | ID | パスワード |
|---|---|---|
| ショッピング1 | alice@hogehoge.jp | wonderland |
| バンキング | alice@hogehoge.jp | wonderland |
| 情報サービス | alice@hogehoge.jp | wonderland |
| ショッピング2 | alice@hogehoge.jp | wonderland |
| SNS | alice@hogehoge.jp | wonderland |

図 **10.7**　パスワードリスト攻撃

れを入手した攻撃者は，他のサイトにアクセスして，正当な利用者になりすまして不正行為ができるようになるからです（**パスワードリスト攻撃**といいます）。

　他に，不適切な内容のパスワードも問題です。毎年，ダメダメなパスワードを100位までランキングしています [9]。数字の羅列や誰でも知っている単語など，どれもこれも残念なものばかりです！　ハッキングされたら1秒ももたないでしょう。

　というわけで，パスワードを保護するための対策として，以下の対策をとりましょう。これは IPA 御用達の由緒正しい対策です。

① 強度が高い（推測しにくい）パスワードを使う。
  ➢ 大文字・小文字・数字・記号を組み合わせる。
  ➢ 文字数を増やす。
  ➢ 自前の変換ルールでパスフレーズを変換する。
    ◇例：JINSEI IROIRO ⇒ J!NS5R%R
    ルール：母音を抜いて，記号や数字を挿入
  ➢ 自分の ID・名前・生年月日や，有名な人名・地名など，簡単にバレるものを使わない。
② パスワードは適切に保管・利用する。
③ パスワードは絶対に人に教えない。
④ パスワードの使い回しをしない。

### 10.3.2 アプリ・OS・セキュリティソフトは常に最新に

マルウェアは OS やアプリケーションソフトの脆弱性をついてきます。その多くは修正プログラムをキチンと適用していれば防げたといわれています。

というわけで，OS やアプリケーションソフトのセキュリティホール対策の修正プログラムを確実に導入しましょう。OS や一部のアプリケーションソフトなど自動的にアップデートできるものもあります。ソフトのベンダーや IPA の Web サイト [7] を定期的にチェックしたり，MyJVN バージョンチェッカ [11] を利用したりするとよいでしょう。

また，セキュリティ対策ソフトを利用できるようにしておくのは当然ですが，マルウェアのパターン定義ファイルを毎日更新するなど，常に最新の状態にしておくようにしましょう。定期的に（せめて週 1 回以上）端末全体のスキャン（たいていのソフトではフルスキャンといいます）を行うのが欠かせません。

これらの対策はパソコンだけでなく，スマートフォンやタブレット端末についても必須です。

### 10.3.3 フィッシングメール対策〜つられちゃアカンのよ

フィッシング（phishing）詐欺では，メールやスマートフォンのショートメッセージサービス（SMS），SNS が用いられます。本文中のリンクをクリックするなどの方法で，実在の企業（金融機関，信販会社など）を装った，偽の Web サイト（フィッシングサイト）に利用者を誘導して，クレジットカード番号，ID，パスワードなどの秘密情報を入力させて盗み取ります。

市販のウイルス対策ソフトの中には，フィッシング対策が含まれているものもありますが，最近ではメールの文面が巧妙で検知が難しいものもあります。個人が実施できる基本的な対策としては，以下があげられます。

① メールの送信元（差出人）を安易に信用しない。
　➤ 特に平文のメールでは，差出人の他，情報の改竄が容易だからです。
② メールの内容を安易に信用しない。
　➤ 「緊急」「重要」「限定」など，判断を急がせるメールほど，強く疑うことをお勧めします。
③ 安易にリンクをクリックしたり，添付ファイルを開いたりしない。
　➤ マルウェアが侵入するトリガーになるかもしれません。
④ 情報の入力前に，本物のサイトかを確認する。
　➤ URL にて，「https://···」となっているか，紛らわしい文字（エルの l と数字の 1，オーの o とゼロの 0 など）がないか，などを見分けるようにしましょう。

### 10.3.4　ワンクリック不正請求への対策〜無視とダンマリが基本

　　Web を閲覧していて，年齢認証を求められクリックしたところ，「会員に登録されました」とか「ご利用ありがとうございました」などと表示し，会費や利用料の名目で支払いを要求される不正請求行為をワンクリック不正請求とよびます。古くから見られますが，いまだに巧妙化しながら存在しています。出会い系サイト，アダルトサイト，ダウンロードサイトなどのフリをするものが見られます。最近は，画面上に料金請求画面が表示されて消せないケースもあります。パソコンだけでなく，スマートフォンでも被害が出ています。

　　対策としては，信頼できない Web サイトにはアクセスしないことが基本ですが，不正請求があった場合には，次の点を考慮して無視するようにしましょう。

　①　法律上ワンクリックで契約は成立しない。
　　➢　クリック前の料金の明示や契約の意思確認がなく無効です。民法上，未成年者の契約には，法定代理人の同意を得なければなりません。
　②　相手は個人を識別できる情報をもっていない。
　　➢　攻撃者は携帯キャリア，機種，通話エリアなどの情報を示して脅すだけです。
　③　相手の連絡先が書かれていても絶対に問い合わせない。
　④　消費生活センター，国民生活センター，警察など公的機関への相談も考慮する。

### 10.3.5　生活上の盲点への対策〜ココロ，鍛えますか

　　ここでは，ソーシャルエンジニアリング（social engineering）を紹介します。ソーシャルエンジニアリングとは，人間の心理的な脆弱性を悪用して，攻撃者の意図した行動を被害者にとらせるというものです。必ずしも最新の ICT を使わなくても実行できます。本書では，2 つ事例を紹介します。

#### (1)　電話による聞き込み

　　偽の電話をかけて，情報を聞きだす攻撃があります。例えば，図 10.8 のように，上司になりすまして，上司の利用者 ID とパスワードを聞きだすということがあげられます。企業などでは，対応方法を決めている場合もある（折り返し電話するなど）ので，そちらに従うことが基本です。個人の場合，通話内容を録音しておいて，その場で返事をしないようにするとよいでしょう。攻撃者は結構高圧的に話しても怯まないでね。

#### (2)　ゴミの収集（トラッシング）による情報収集

　　個人や組織などから出た，様々なゴミを収集して，相手の生活や秘密に関する情報を得ることを，トラッシング（trashing）といいます。封筒，書類，レシート，生ゴミなどから情報が得られます。過去に公的機関から個人情報が書かれた書類が流出するという事件もありました（図 10.9）。特に書類など，第三者に見られて困るようなものは，シュレッダーにかけたり，真っ黒に塗りつぶしたりするなどして，読めないようにして

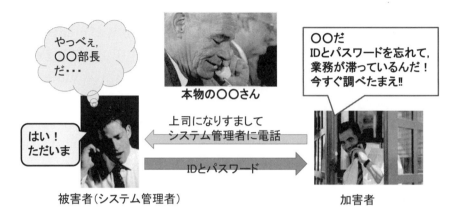

図 **10.8** 電話による聞き込みの例

図 **10.9** トラッシングのイメージ

から捨てるなど，工夫が必要です。

### 10.3.6 ソーシャルネットワーキングサービス (SNS) などのセキュリティ

Facebook や Twitter などの SNS を使うときに，自分のプロフィール公開範囲や，やり取りする相手についての設定が適切になされずに，自分だけでなく家族や友人のことを不用意にネットに晒したり，投稿した写真から自分の行動範囲や自宅の位置を特定されたり，様々なトラブルが起きています。

以下を参考に，適切に利用するようにしましょう [8]。

① 常に公開・引用・記録されることを意識して利用する。

② 複雑なパスワードを利用し，セキュリティを高める設定を利用する（アカウントの乗っ取りを防ぎます）。

③ 公開範囲を設定し，不必要な露出を避ける（自分で設定を変更しなければ「全世界に公開」する設定になっているケースもあります）。

④　知らない人とむやみに"友達"（SNS上の友達）にならない，知っている人でも
　　真正の確認をする。

⑤　"友達"に迷惑をかけない設定を行う。

⑥　"友達"から削除は慎重に，制限リストなどの利用も考慮する。

⑦　写真の位置情報やチェックインなど，技術的なリスクを理解し正しく利用する
　　（写真に撮影場所の位置情報が入ったままのケースも考えられます）。

⑧　むやみに"友達"のタグ付けや投稿を行わない（"友達"にとっては知られたくな
　　いこともあるでしょうから）。

⑨　対策ソフトを利用し，危険なサイトを利用するリスクを低減する。

⑩　企業などの組織においては，SNSガイドラインを策定し遵守する。

## 10.4　組織の情報セキュリティ～人・モノ・情報が大事な資産

　前の節では，個人で行うべき対策をお話しました。次に，企業，大学，各種団体など
の組織の情報セキュリティについて考えていきましょう。組織の場合も，所属する構成
員1人1人が個人のセキュリティ対策をとることは大事なのですが，それだけでは十
分ではありません。組織には，個人とは比較できないくらいに，いろいろな種類の情報
資産があり，必要とされる情報セキュリティのレベルも大きく異なるからです。

　実のところ，「組織のセキュリティのレベルは，最も低いセキュリティレベルの部署
によって決まる」といいます。例えば，図10.10のように，ある企業の中で，たとえ部
署Bのように最高のセキュリティ対策を講じていても，部署Dのような低いレベルの
所が組織全体のセキュリティレベルを決めてしまうということです。特に，部署Dが
組織の決めた目標レベルに達していなければ，その組織全体が脆弱と言えます。なぜな

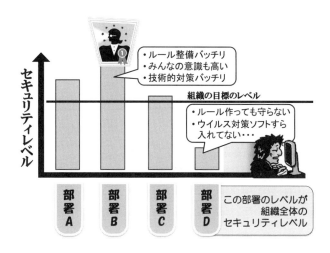

図 10.10　組織のセキュリティレベル

らば，部署 D から侵入すれば，組織全体への侵入も可能だからです。一見，不条理に思えるでしょうが，これがネット社会の現実です。

　組織全体の情報セキュリティを維持するためには，組織の運営上，重要な情報資産に対して，その資産がもつセキュリティリスクを見積もることが第一歩です。リスクに基づいて，組織の定めたルールにより継続的にセキュリティ対策を講じることで，組織で一貫したセキュリティ対策をとっていくことができます。このような考え方に基づいた組織的な管理体制を**情報セキュリティマネジメントシステム**（Information Security Management System; ISMS）[4-6] といいます。

　では，ISMS を理解するのに重要なトピックを見ていきましょう。

### 10.4.1 　セキュリティポリシー

　ISMS を実現するには，セキュリティポリシーを定めたうえで，情報セキュリティマネジメントのサイクルを確立して，これを継続的に実施するのが一般的です。**セキュリティポリシー**（security policy）とは，その組織の中で一貫したセキュリティ対策を行うために，技術面，利用・運用面，管理面，組織体制などを総合的に定めて，組織のセキュリティの**基本方針**と**対策基準**を示したものです。情報セキュリティポリシーは，図10.11 のような 3 つの階層構造のうち，上位 2 つの階層をさします。

　基本方針は，組織における情報セキュリティ対策の基本的な考え方を示すもので，組織がどのような脅威から，なぜ保護しなければならないのかを明らかにし，組織が情報セキュリティに対する取り組み姿勢を示します。ザックリ言えば，セキュリティについて定めた「憲法」みたいなものです。

　対策基準は，上の基本方針を受けて，情報セキュリティを確保するために順守すべき行為と判断などの基準を示したもので，「基本方針を実現するために，何をしなければならないか」を定めたものです。

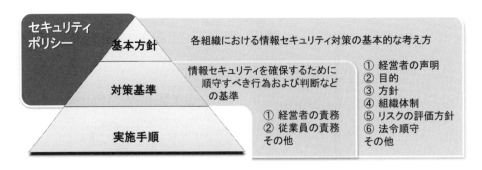

図 **10.11**　セキュリティポリシーの階層構造

### 10.4.2　情報セキュリティマネジメントシステム

ISMS では，組織のセキュリティ活動を図 10.12 に示すような **PDCA サイクル**に基づいて実行していきます。PDCA サイクルとは，計画（PLAN），実行（DO），点検（CHECK），処置（ACT）の 4 つの段階をさします。PDCA サイクルの各ステップの概要を図 10.13 に示します。

計画（PLAN）段階では，ISMS の対象となる組織や事業を決めたうえで，守るべき情報機器や情報などの情報資産をリストアップします。個々の情報資産についてセキュリティリスクの分析を行い，対策を講じる優先順位を決めます。次に，個別の具体的なセキュリティ対策の手順を計画します。

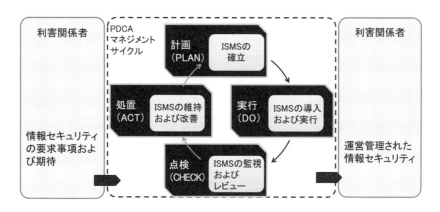

図 **10.12**　情報セキュリティマネジメントサイクル

図 **10.13**　各段階での活動の概要

　実行（DO）の段階では，計画に沿って実際に ISMS を導入し運用します。いわば日常のセキュリティ活動と言えるでしょう。インシデントが起きたときの対応や構成員への教育もこの段階に含みます。

　点検（CHECK）の段階では，内部監査やマネジメントレビュー（経営者による見直し）などの活動を通して，自分たちのルールを守っているか，そのルールが妥当かをチェックします。問題が見つかれば，処置（ACT）の段階で是正して，次のサイクルの計画（PLAN）に活かせるように修正していきます。

　ISMS では，これらの全ステップで，計画書や手順書などの文書，実際の活動記録（手書き，ワープロ，その他なんでも OK）を確実に残すことで，証拠を積み重ねていきます。

　この PDCA サイクルを 1 年程度で 1 周させ，次の年，さらに次の年と，継続的に実施していくことで，時代に合わせて，組織全体の情報セキュリティ対策を充実させることができます。PDCA サイクルの考え方は，ISMS に限らず，いろいろなジャンルで応用されています。

　この章では，情報セキュリティを ICT の文脈で説明してきましたが，近年モノのインターネット（IoT）や産業系の制御システムのセキュリティが注目されるようになりました。過酷な環境でも，24 時間 365 日動き続けて，長期間の運用に耐えないとイカンのでねぇ。セキュリティって，まだいくらでもネタあるぞぉ～。

## 参考文献

[1]　情報処理推進機構（IPA），「情報セキュリティ読本—IT 時代の危機管理入門 四訂版」，実教出版社，2013 年

[2]　伊藤正史，「図解雑学　暗号理論」，ナツメ社，2003 年

[3]　羽室英太郎，「情報セキュリティ入門」，慶應義塾大学出版会，2011 年

[4]　島田裕次，榎木千昭，澤田智輝，内山公雄，五井孝，「ISO27001 規格要求事項の解説とその実務」，日科技連，2006 年

[5]　瀬戸洋一，高取敏夫，織茂昌之，廣田倫子，「情報セキュリティの実装保証とマネジメント」，日本工業出版，2009 年

[6]　情報マネジメントシステム認定センター，"情報セキュリティマネジメントシステム（ISMS）適合性評価制度の概要"，https://isms.jp/isms/about.html，更新 2020 年 7 月 14 日，（参照 2020 年 8 月 25 日）

[7]　情報処理推進機構（IPA），"セキュリティセンター"，
http://www.ipa.go.jp/security/，（参照 2020 年 8 月 25 日）

[8]　NPO 日本ネットワークセキュリティ協会（JNSA），"SNS の安全な歩き方—セキュリティとプライバシーの課題と対策 第 0.7 版"，
http://www.jnsa.org/result/2012/sns.html，（参照 2020 年 8 月 25 日）

[9]  Forbes, "Ranked: The World's Top 100 Worst Passwords",
https://www.forbes.com/sites/daveywinder/2019/12/14/ ranked-the-worlds-100-
worst-passwords/#12ac44769b41, 更新 2019 年 12 月 14 日, (参照 2020 年 8 月 25
日)

[10]  CRYPTREC, "CRYPTREC 暗号の仕様書",
https://www.cryptrec.go.jp/method.html, (参照 2020 年 8 月 28 日)

[11]  脆弱性対策情報データベース（JVN）, "脆弱性情報共有フレームワーク-MyJVN",
https://jvndb.jvn.jp/apis/myjvn/, 更新 2020 年 8 月 27 日, (参照 2020 年 8 月 28
日)

# 11 ICTと法・権利の関係
## ～チョット！ そのクリック大丈夫？

スマートフォンやパソコンで，趣味や学校，バイトの経験など，手軽に発信できますよね。でも，それって本当に大丈夫なの？ 疑問に思うことはないでしょうか？ 例えば，友人と遊びに行ったことを個人名付きで投稿するとか。だって，他の人のことを自分が勝手に投稿したりしてよいのか，疑問に思うよね？ 思うよね？ ね？ ね？

前振りがクドくなってきましたね。自分と他者との社会的な関係を考えるうえで，その判断基準となる法や権利を理解することは大事なことです。この章では，ICT にかかわる法律や権利について，少しだけ説明しようと思います。おもなネタは個人情報保護，プライバシ権，著作権です。

## 11.1　個人情報とプライバシ

まず，ちょっとした質問です。以下の情報の組合せで，日本の「個人情報の保護に関する法律」（以降では，**個人情報保護法**と書きます）で規定している個人情報にあたるものはどれだと思いますか？

(1) 通販サイトに登録した氏名・年齢・性別・住所・電話番号・クレジットカード番号

(2) 学生証に記載された学生番号・所属学部・氏名

(3) 小さな紙に書かれた ID（ランダムな数値）とパスワード

(4) 防犯カメラに写った人物の映像

(5) SNS で公開した氏名・顔写真

「こんな子供だまし，片腹痛いわっ！」と言える人は，ある程度理解されている方です。「微妙にわからない点があるが，イヤな予感がする」という方も大変有望です。「これがわかったからって何？」というパターンですと，ヒジョーにヤバいです。正解だけ書きますと，(3) 以外はすべて個人情報です。

日本では，2005 年（平成 17 年）4 月に最初のバージョンが施行され，改正法が 2017 年（平成 29 年）5 月に施行されました。2005 年の時点以上に ICT の利活用が進み，個人に関する情報を含む，膨大なデータの処理や流通が可能になったことが背景にあります。ますます個人情報が役立つ場面が増えたってことですね。

　こういった背景を踏まえて，この法律は，個人情報がいろいろ役立っていることに配慮しながら，個人の権利や利益を保護することを目的としています。

### 11.1.1　法律上の個人情報とは

　個人情報保護法では**個人情報**を，生存する個人に関する情報で，個人を識別可能な情報と規定しています。「亡くなった方は関係ない？」と感じたことでしょう。日本の法律ではそうなっています。実は，個人情報保護を実践するための JIS 規格（JIS Q 15001）の中では，個人情報の定義に生死の区別は含まれていません。それはともかく，詳細は図 11.1 を見てください。上の例の多くが，なぜ個人情報なのかを考えてみてね。図 11.1 の「以下の少なくとも 1 つに該当？」の 3 項目について，例を表 11.1 に示します。いろいろあるもんです。

　あと，コレ大事な話なんですが，個人情報の所有者って誰だと思います？　個人情報を保有する事業者？　んなこたぁない。その個人情報によって識別される当のご本人様です。ですから，みなさんの個人情報の所有者はみなさん自身です。間違えないようにしましょう！

　この法律，いったい誰に対する規制でしょうか？　いわゆるひとつの個人情報取扱事業者です。データベース化（個人データベース）などの手段によって，個人情報を検索できるようにして，自分たちの仕事に使っている組織です。個人情報取扱事業者は集めた個人情報を「預かっている」だけで，所有はしていません。だって，自分の名前を人に譲るコトなんてできる？　んなこたぁないですよね。企業だと顧客情報ばかりでなく，従業員の情報も含まれます。

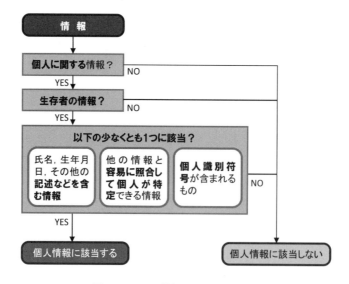

図 **11.1**　その情報，個人情報？　[1]

表 11.1　個人を識別可能な情報の例

| 法律上の文言 | | 事　例 |
|---|---|---|
| 氏名，生年月日，その他の記述などを含む情報 | | ・免許証やパスポートの記載事項<br>・映像（個人が特定可能な場面）<br>・指紋（写真を想定）<br>・音声（個人を特定できる声）<br>・筆跡　など |
| 他の情報と容易に照合して個人が特定できる情報 | | ・ある期間の購買履歴<br>・GPS などの移動履歴<br>　※氏名などを含む情報と照合が可能な<br>　　場合に個人情報となる |
| 個人識別符号が含まれるもの | 身体的特徴をコンピュータで扱えるように変換した情報 | 生体認証の照合に使う特徴情報 |
| | 対象者ごとに異なるように役務の利用，商品の購入，書類に付される符号 | ・旅券番号<br>・免許証番号<br>・基礎年金番号<br>・住民票コード<br>・マイナンバー　など |

　個人情報のうち，本人に対する不当な差別や偏見が生じないように，取扱いに特別の配慮が必要なものを**要配慮個人情報**といいます。個人情報保護法では，例として，人種，信条，社会的身分，病歴，犯罪の経歴，犯罪被害の事実などがあげられています。

　この法律で何を要求しているかといえば，個人情報を収集してから（預かってから）消去するまでの間に行う，個人情報の適切な管理です（図 11.2）。

　ザックリ言うと，ポイントは以下の 6 点です。詳しくは文献 [4] を調べるとよいでしょう。

①　あらかじめ利用目的を決めて，その目的の達成に必要な範囲で個人情報を取り扱う。

②　個人情報は適正な方法で集めて，本人（個人情報の該当者）に利用目的を通知，公表する。

③　個人情報を正確かつ最新に保ち，必要なセキュリティ対策を講じる。従業員や委託先（個人情報について処理を請け負った業者）をきちんと監督する。

④　あらかじめ本人に同意を得ずに，第三者に個人情報を提供してはならない。

⑤　保有している個人情報については，本人から開示，訂正，利用停止などの求めがあれば，対応しなければならない。

⑥　苦情処理に適切・迅速に対処しなければならない。

　たまに，「個人情報保護 ＝ プライバシ保護」と思っている人がいます。んなこたぁないということを，次の節以降で少し紹介します。

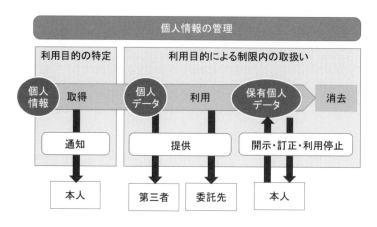

図 **11.2**　個人情報のライフサイクルの中での取扱い [1]

### 11.1.2　プライバシの考え方〜ポイントは「他人に干渉されたくない」

　プライバシ（privacy）[2] はよく知られた言葉ですが，権利としての概念が作られる
きっかけとなったのは Warren と Brandeis が発表した論文 "Right to Privacy"（1890
年）というのが定説です。この論文の中でプライバシ権の概念を提唱し，この権利が制
限される状況とはどんな状況かを論じたものだそうです。プライバシの定義や捉え方は
国によって違いがありますので，「これがプライバシだ！」と一言で言いきるのは大変
難しい話です。エッセンスの部分を要約して言えば，プライバシ権は「自分の私的領域
を政府および私人に不当に介入されない権利」と考えられています。少し乱暴な言い方
ですが，最初は「放っておいてもらう権利」という消極的・受動的な権利でした。今や
膨大な情報が流通・処理される時代です。社会（公権力と言ってもいいです）の行動に
よらないと守ることができないプライバシが出てきたこともあって，能動的な権利とい
う側面ももってきています。

　ネットサービスの進展や個人情報漏洩事故などもあいまって，プライバシ権がネット
社会の問題としてもクローズアップされるようになりました。

### 11.1.3　情報に関するプライバシの権利〜自己情報コントロール権や通信の秘密

　次に，情報に関するプライバシの権利はどう捉えるとよいか考えてみましょう。本書
では1つの考え方を示すことしかできませんが，**自己情報コントロール権**があると言
われています。例えば，自分のプライバシ情報について，情報を開示する/しないを決
めるとか，誤った情報の訂正を求めることなどがあたります。一部は個人情報保護法の
中で請求できる権利として明示されました。ただ，世間に流通している個人情報が膨大
で，本人の知らない所でデータベース化されているケースが大半です。そうなると，自
己情報コントロール権は，データベースの管理者への規制を通じて，間接的に行うしか
ないと考えられます。自己情報コントロール権は自分が直接行使できないことから，権

利として存在すると言えるのか，疑問を投げかける学説もあります。その一方，情報銀行 [13] のように，個人が自身の個人情報の利用や管理について信託し，その個人が利用の対価を得る，という仕組みも登場していて，個人の権利として輪郭をもってくる可能性がありそうです。

関連する話として，**通信の秘密**があげられます。これは憲法にも規定されるくらい大事な権利です。ネット通信に関しては，電気通信事業法 [5] という法律の中に，通信の秘密に関する条文があります。

### 11.1.4 個人情報保護とプライバシ保護は違う

まず，個人情報とプライバシの違いを図 11.3 で確認しましょう。個人情報が公知・非公知・機微にわたっているのに対して，プライバシは非公知と機微に限定されています。また，プライバシには，個人の自律も含まれています。

図 11.3 の**機微**は，「最も深い私の部分」であり「不当に介入されてはマジで困る」領域という意味です。それだけプライバシ性が高いと言えます。要配慮個人情報もここに分類されます。**非公知**の情報も，自分の意思や社会生活上の必要性がない限り，介入されたくない部類と言えます。機微ほどではありませんが，一定のプライバシ性があるわけです。一方，**公知**の情報は，その名の通り公開も有り得るということで，プライバシ性はないと考えてよいでしょう。

個人情報保護法はプライバシという文言は出てきません。あくまで個人を識別する情報を保護するということですから。一方，プライバシ保護は私的な部分について，外部の干渉から保護するということです。

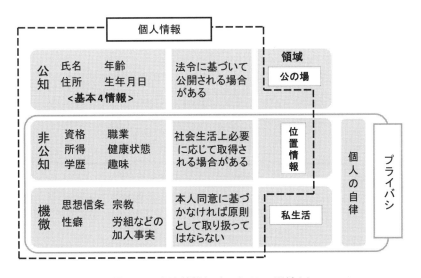

**図 11.3** 個人情報とプライバシの関係 [3]

## 11.2 著作権法～デジタルだとコピーは簡単，権利はヤヤコシイ

### 11.2.1 知的財産権の中の著作権

　デジタルの著作権について漠然としたイメージで終わってはいないでしょうか。情報社会で大事な権利なので，ここでしっかり理解を深めることにしましょう。

　著作権 [10-11] は，知的財産権の一部なので，先にそちらから説明します。**知的財産権**は，「知的な精神活動の成果を生み出した人に対して，その成果を勝手に利用されない権利や，経済的な見返りを請求することができる権利を一定期間保証する」という趣旨の権利です。ここでいう「人間の知的な精神活動の成果」とは，定義が難しいのですが，分類すると表 11.2 のようになります。永遠の権利ではないんですよ。

　ここでは**著作権**に的を絞りましょう。そもそも，なぜ著作権が出てきたかという話を著作権法第 1 条から見てみましょう。「文化の発展に寄与する」という目的ために，様々な創作物（「文化的所産」）を公正に利用できるように配慮しながら，著作権を保護する必要があるからです（文中の「　」内は著作権法の表現です）。著作権は創作がなされた時点で発生する権利で，創造者に対して付与されます。どんなものが著作物なのかというと，「思想または感情を創造的に表現したものであって文芸，学術，美術または音楽の範囲に属するもの」です。アカン，訳がわからん… せめてヒントを！　ということで，著作権法に例示されている 9 つの例と，著作物にあたらないケース（表 11.3）

表 11.2　知的財産権の分類

| 種類 | 名　称 | 保護対象 | 保護期間* |
|---|---|---|---|
| 産業財産権 | 特許権 | 高度な技術的思想による発明 | 出願日から 20 年<br>（一部は 25 年） |
| | 実用新案権 | 技術的思想による考案 | 出願日から 10 年 |
| | 意匠権 | 工業デザインなど | 登録日から 25 年 |
| | 商標権 | 商品やサービスにつけるマークなど | 登録日から 10 年 |
| 著作権 | 著作者の権利 | 思想または感情を創作的に表現した文芸，学術，美術，音楽の作品など | 創作～著作者の死後 70 年 |
| | 著作隣接権 | 実演，レコード制作，放送事業，有線放送事業 | 実演日から 70 年<br>放送後から 50 年 |
| その他 | 回路等配置利用権 | 半導体の回路配置 | 登録日から 10 年 |
| | 育成者権 | 植物の新品種 | 登録日から 25 年<br>（樹木は 30 年） |
| | 営業秘密 | 営業秘密や商品の表示など | |

＊保護期間は 2020 年 8 月時点のもの

を例示します。著作物かどうかで裁判になるくらいですから，そう簡単に書けるもので
もないんですが，雰囲気だけでも感じてください。

著作物の例 [12]：

①　小説，脚本，論文，講演，その他の言語の著作物

②　音楽の著作物

③　舞踊または無言劇の著作物

④　絵画，版画，彫刻，その他の美術の著作物

⑤　建築の著作物

⑥　地図または学術的な性質を有する図面，図表，模型，その他の図形の著作物

⑦　映画の著作物

⑧　写真の著作物

⑨　（コンピュータ）プログラムの著作物

著作権は産業財産権と異なり，出願や登録などの手続きが不要というのが特徴です
（法律の専門用語で**無方式主義**といいます）。著作権をもう少し本気で分類すると表
11.4 のようになります。ここでは，「著作物の取扱いについては作った人（団体）が
権利をもっている」ということを覚えておいてください（著作権の説明は，深入りする
と本書のレベルを超えるので，このくらいにしておきます）。

表 11.3　著作物の条件と著作物にあたらないケース

| 著作物の条件 | 著作物にあたらないケース |
|---|---|
| 思想または感情を | ただの事実やデータ |
| 創造的に | どう見ても個性の発揮といえない表現や模倣品など |
| 表現したものであって | 思っただけ，考えただけなど頭の中にしかない状態 |
| 文芸，学術，美術，音楽の範囲に属するもの | 工業製品など |

表 11.4　著作権の構成

| 名　称 | | 保護される権利 |
|---|---|---|
| 著作者の権利 | 著作者人格権 | 公表権，氏名表示権，同一性保持権 |
| | 著作財産権 | 複製権，上演権・演奏権，公衆送信権，展示権，口述権，頒布権，譲渡権，貸与権，翻訳権・翻案権 |
| 著作隣接権 | | 著作物について実演，レコード製作，放送（有線・無線）する人に与えられる権利 |

### 11.2.2 デジタルデータの著作権にまつわる問題

デジタルの世界の特徴として，

- DVD や USB メモリのような大容量で安価なメディアに大量に記録できる
- 高性能なイメージスキャナにより，簡便に高品質な電子データが作成できる
- 情報圧縮技術により，劣化が目立たずに多くの情報を記録できる
- デジタル情報は多数回コピーを重ねても劣化しない
- ピア・ツー・ピア（P2P）のように，中央で管理しない形式での通信ができる
- WWW 検索によって，簡単に素材などの情報を発見・ダウンロードできる

などが考えられます。こんな状況で「成果（著作物）を勝手に利用されない」ことをどうやって保証するかが課題となっています。

既存の著作物について利用したいときには，事前に図 11.4 のフローで考えて，使用許諾の必要性を十分確認しなければいけません。音楽，映像，ソフトウェアなどのコンテンツは著作物なので，著作権者がその権利をもっています。特に，これらのコンテンツについて，著作権管理団体 [6] があります。デジタルコンテンツも著作物なので，利用したい場合には，当然このフローに基づく判断が必要となります。

ただ，私的使用，教育・福祉利用など，一部の用途については，著作者の権利が制限される場合があります（**権利制限**）。権利制限について，2018 年に改正が行われました[7]。また，近年**クリエイティブ・コモンズ・ライセンス** [8] に基づく自由な利用を進める動きもあります。これは，著作者の指示する条件（著作者の明示や非営利目的の利用など）の範囲で，著作物の自由な利用を可能とするライセンス形態です。

いろいろ書きましたが，著作権保護を完全に理解するのは大変困難です。頻繁に改正されますので，文化庁の Web [7] などを確認するとよいでしょう。直近では 2020 年に，著作物の円滑な利用と適切な保護，海賊版コンテンツ流通への対策強化（刑事罰を含む）などに関する改正が行われました。

一部の国では，一定の条件を満たせば公正な利用（**フェアユース**）として，許諾なしの利用が認められますが，日本ではそういう考え方はとられていないようです [10]。

### 11.2.3 ソフトウェアの著作権とライセンス

ソフトウェアも，他の著作物と少しばかり違う面はあるんですが，著作物として扱われます。上で述べた説明はソフトウェアでも共通というわけです。ただ，ライセンスの設定の仕方が表 11.5 に示すように多様化しています。多くのシェアウェアがある一方で，寄付金を募ったり，個人利用について無償となっていたり，実に様々です。その基本は，著作権者が著作権を放棄せずに，利用者に対して許諾する利用範囲（使途，改変，再配布など）を明言している点にあります。最近，企業でもオープンソースソフトウェアを活用して，新たな機能を作り上げる例が増えてきています。

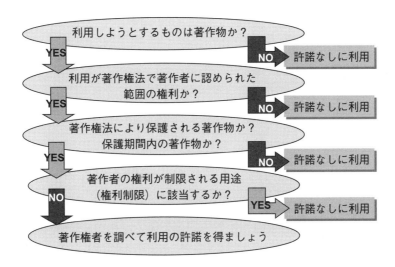

図 11.4　著作物の利用についての判断フロー

表 11.5　ソフトウェアのライセンスの例

| ソフトの種類 | 概　要 |
| --- | --- |
| フリーソフトウェア (free software) | 「(利用・改変・再配布の権利が) 自由なソフトウェア」と「(使用料が) 無償のソフトウェア」に分かれる。著作権(者)を明示して，利用者に許諾する権利を設定している |
| フリーウェア (和製英語) | 無償で使用することができる。有償頒布，営利目的利用が制限されているケースが多い |
| シェアウェア (shareware) | 一定期間の無償使用後，対価支払い後，継続して利用できる |
| ドネーションウェア (donationware) | 利用者が利用料を開発者に寄付するライセンス形態となっている |
| オープンソースソフトウェア (open source software) | 利用・改変・再配布の権利が自由なソフトウェアの一種。フリーソフトウェアと異なり，改変後の配布における「永続的な自由性」は保証外となっている |

### 11.2.4　著作権に関する国際的な枠組み

　　著作権に関連して様々な国際条約が結ばれていて，日本の著作権法もこのような条約の枠組みをベースにして立法されています。ここでは，その一部を表 11.6 に紹介します [11]。

### 11.2.5　引用のお作法〜ちょっと本題からずれますが，大事なんで…

　　みなさん，仕事や勉強の中で，レポートや論文を書く機会が，そりゃあもうイヤと言うほどあると思うんですが，その際に他の文献（論文，書籍，Web 記事など）から引

表 11.6　著作権に関する国際条約（一部）

| 条約の名称 | 概要 |
|---|---|
| ベルヌ条約（1886 年採択） | 著作権のうち，複製権，録音権，映画化権，放送権などに関する権利を規定する条約 |
| ローマ条約（1961 年採択） | 著作隣接権として，レコード制作者，実演家，放送事業者の権利の保護に関する条約 |
| TRIPS 協定（1994 年採択） | 世界貿易機関（WTO）の設立協定に含まれる協定の 1 つ。著作権や著作隣接権の保護に関する協定。ベルヌ条約の内容に加えて，プログラムやデータベースの著作権保護も書かれている |
| WIPO 著作権条約・WIPO 実演・レコード条約（1996 年採択） | 世界知的所有権機関（WIPO）にて採択されたベルヌ条約の実質的な改訂。前者の条約は著作権者の権利，後者は実演家・レコード制作者の権利について書かれていて，インターネットを想定した著作権を認めているのが特徴 |

用するという場面に出くわします。他の文献も著作物ですが，論文やレポートに引用するのは，著作権の権利制限により，「適切な方法で引用すれば OK」ということになっています。では，何が適切なのでしょうか？　ここでは，その辺を書いておきます。

　まず基本として，どの文献から，どの箇所を引用しているのかを明示しなければいけません。また，自分の考えや主張をおもに述べて，引用は添えるくらいに留めなければなりません。まあ，引用のオンパレードで，「自分」がないのはアカンという話です。引用の仕方として代表的な例を示します。

**(1)　直接引用**：引用箇所を括弧書きで書いて，文献名をあげる。

> 文例：デカルトは「我思う，故に我あり」（デカルト「方法序説」（1637））と記している。

　括弧書きの「我思う，故に我あり」の部分が引用箇所で，元の文章を変えずにそのまま書きます。

**(2)　間接引用**：他者の見解などを要約し，文献名をあげる。

> 文例：藤井らは，情報の習得状況に関するアンケートについて，数年分の比較を行った（藤井ら，2014）。

　上の例では，文献名を文章の中に書きましたが，レポートや論文の最後に参考文献リストを作っておいて，本文ではその番号のみを書く方法もあります。文献リストの書き方については，文献 [9] に詳しく書かれているので，そちらを熟読してください。

　もし適切に引用せずに，他者の見解を自分の見解のように書くと，それは剽窃ということになります。本書の読者なら，剽窃はダメだってわかってくれますよね。

## 11.3　その他の ICT 関連法〜知らなきゃソンする法の数々

　本書では深入りしませんが，ICT にかかわる法律はいろいろあります。勉強のネタとして表 11.7 に示しておきます。

　この章では ICT の技術にまつわる話から離れて，法や権利の話題を紹介しました。まだまだほんの序の口です。それぞれの法律や権利を深く勉強したい方は，参考文献を調べるところから始めてはいかがでしょうか。

表 11.7　おもな ICT に関連する日本の法律

| 法律の通称 | 概　要 |
|---|---|
| IT 基本法 | 高度情報通信ネットワーク社会の形成に関する基本方針を定めた法律。「安心」,「安全」について言及されていることから，情報セキュリティに関する事実上の基本法とみなされている。対象が高度情報通信ネットワークであり，情報システムや情報全体に及んでいない点に注意を要する |
| e-文書法 | 会社内部の文書（契約書，見積書，請求書など）で保存する義務がある書類について，電子ファイルの書類が紙ベースの書類と法律的に同じ効力をもつための保存の条件や手続きなどを定めている |
| 電子署名法 | 電子署名（デジタル署名，10.2.1 節）が手書き署名や印鑑と同じ効力をもつ条件と電子署名の真正性（正しく使われていること）を証明する業務について定めている |
| 不正アクセス禁止法 | ネットワークを介してコンピュータにアクセスする際，ログインを回避するなどの不正行為を禁止した法律。違反したときの罰則，再発防止のための都道府県公安委員会による援助措置などを定めている |
| 特定電子メール法 | 広告宣伝のメールを送るための条件（事前の同意）を定めて，同意の記録の保存，送信者の明示，受信拒否の方法の明示などの義務を定めている。送信者情報を偽るなどの違反行為に対する罰則を定めている |
| プロバイダ責任制限法 | Web ページやネットの掲示板などの情報によって，プライバシや著作権などの権利を侵害されたときに，プロバイダやサーバの管理・運営者が負う賠償の責任の範囲や，被害者による発信者情報の開示の請求の権利を定めている |
| 刑法 | 電磁的記録（デジタルデータなど）の不正な作成・供用・毀棄，コンピュータを用いた詐欺行為，公的な電子データ（公正証書や公用文書など）の偽造や不正な削除，コンピュータにより行われる業務の妨害など，コンピュータにかかわる犯罪への刑事罰則が含まれている |
| 民法 | 損害賠償制度，差止請求制度などの既存の法律を利用して，プライバシ権などの侵害する行為によって生じた損害について，賠償させたり，その行為自体を停止させたりすることができる |
| サイバーセキュリティ基本法 | 日本のサイバーセキュリティ確保などの施策を推進するための基本理念と，それに基づく基本的施策を定めている |

## 参考文献

[1] 岡村久道，鈴木正朝，「これだけは知っておきたい個人情報保護」，日本経済新聞社，2005 年

[2] 青柳武彦，「情報化時代のプライバシー研究 ―『個の尊厳』と『公共性』の調和に向けて」，NTT 出版，2008 年

[3] 瀬戸洋一，伊藤洋昭，六川浩明，新保史生，村上康二郎，「プライバシー影響評価 PIA と個人情報保護」，中央経済社，2010 年

[4] 宇賀克也，「個人情報保護法の逐条解説 第 5 版」，有斐閣，2016 年

[5] 電子政府の総合窓口（e-Gov），"特定電気通信役務提供者の損害賠償責任の制限及び発信者情報の開示に関する法律"，
https://elaws.e-gov.go.jp/search/elawsSearch/elaws_search/ lsg0500/detail?lawId=413AC0000000137，（参照 2020 年 8 月 26 日）

[6] 著作権情報センター，"関係団体・機関リスト"，
https://www.cric.or.jp/db/list/index.html，（参照 2020 年 8 月 26 日）

[7] 文化庁，"著作権"，https://www.bunka.go.jp/seisaku/chosakuken/index.html，（参照 2020 年 8 月 26 日）

[8] コモンスフィア，"クリエイティブ・コモンズ・ジャパン"，
https://creativecommons.jp/，更新 2020 年 8 月 4 日，（参照 2020 年 8 月 26 日）

[9] 科学技術振興機構，"参考文献の役割と書き方"，
http://jipsti.jst.go.jp/sist/pdf/SIST_booklet2011.pdf，（参照 2020 年 8 月 26 日）

[10] 城所岩生，「著作権法はソーシャルメディアを殺す」，PHP 研究所，2013 年

[11] 岡村久道，「著作権法 新訂版」，民事法研究会，2013 年

[12] 福井健策編著，池村聡，杉本誠司，増田雅史著，「インターネットビジネスの著作権とルール」，著作権情報センター，2014 年

[13] 城田真琴，「パーソナルデータの衝撃 ― 一生を丸裸にされる『情報経済』が始まった」，ダイヤモンド社，2015 年

# 12 ICTの健全な活用に向けて ～「依存」が壊すココロとカラダ

私たちはスマートフォンがある生活が当たり前になりました。

- LINE
- Facebook などの SNS
- Twitter などのミニブログ
- YouTube などの動画投稿サイト

など様々なサービスを利用して，私たちは情報を受け取り，かつ発信しています。それは日々刺激を与えてくれます。しかし，その一方で，いわゆる不適切な利用が見られることも事実です。例えば，1日あたりのスマートフォンの利用時間が長時間に及ぶケースです。これは近年，**携帯電話依存**（Mobile Phone Addiction; MPA）とよばれるようになってきています。MPA を含むインターネットの過剰利用は，**インターネット・アディクション障害**（Internet Addiction Disorder; IAD）とよばれています。依存によって，人間関係や日常生活に徐々に支障をきたすことになるでしょう。また，過剰な依存が続くと，そこから抜け出すために，人の力を借りながら相当な努力が必要となることでしょう。

　私たちは依存的な利用を避けるために，依存によってどんな弊害があるかを正しく理解し，ICT を適切かつ快適に利用するためのルールを得ることが必要不可欠と言えるでしょう。

　というわけで，この章ではこのような ICT，特に情報メディアへの依存が私たちの心身にどんな影響をもたらすのかを学びます。また，その結果として，依存が社会に与える影響 [1] について学ぶことにしましょう。

## 12.1　情報メディア利用による生物・心理・社会への好影響

　人の行動を多面的に研究する学問体系を**行動科学**といいますが，その分野では，人の営みを**生物的側面・心理的側面・社会的側面**の3側面と，それらの関係性から捉えます（図 12.1）。最近では，情報メディアの利用についても，技術の分野以外からのアプローチとして，生物・心理・社会のつながりが研究されています。ここでは，情報メディアの利用がどのように影響を与えていくか，生物，心理，社会の3つの側面からみていくことにしましょう。

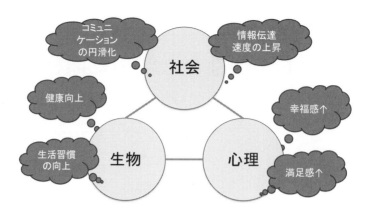

**図 12.1** 情報メディア活用における生物・心理・社会の関連

　まず，生物的側面については，万歩計など，運動量をモニタリングできる機器とそれと連携したスマートフォンアプリを使って，日々の運動などをモニタリングします。それに加えて，期間を通して蓄積した運動量のデータを表示するなどして，継続的な運動を促すことがあげられます。医学的には，コレステロール，尿酸，血圧，血糖などの**バイオマーカー**（biomarker; ある疾病の存在や進行度をその濃度に反映し，血液中に測定されるタンパク質などの物質）を正常化させることが期待できるわけです。このように，生物的側面として，情報メディアが生活習慣によい影響を与えて，健康の向上につながることが期待できます。

　次に，社会的側面についてみてみましょう。この面のポイントとなるのは，多様なコミュニケーションの促進と言えるでしょう。その方法は，メール，掲示板，SNS，LINE など多岐にわたります。図 12.2 のように，コミュニケーションの範囲で捉えると，世界中の人とやり取りするような地球規模のコミュニケーションから，家族という小さな単位のコミュニケーションまで，様々なスケールで情報のやり取りができるようになるわけです。

　心理的側面について考えてみますと，情報を得たり，発信したりすることによってもたらされる影響ということができるでしょう。例えば，

- 多くの情報を得ることにより満足感が上昇
- 人との交流が増加することにより幸福感が上昇
- 社会的支援の機会が増えることにより心理的ストレスが軽減
- 充実した内容の情報を得ることにより安心感が上昇または不安が軽減

などが考えられます。

　このように，情報メディアを上手に利用すれば，私たちの生活を好循環へと導く，よい影響が期待できるわけです。みなさん，いかがですか？　すでに実感している人も数多いのではないでしょうか。

地球

例：他国の人々とのやり取りや，外国からの情報収集がスムーズにできる

地域

例：メール，掲示板，SNSなどを利用した情報交換ができる

日本

例：メール，掲示板，SNSなどを利用した情報交換ができる

家族

例：メール，SNSなどを利用した情報交換ができる

図 **12.2** 情報メディア利用の社会的側面の影響

## 12.2 ICT への依存がもたらす悪影響とその回避

　前の節では，情報メディア利用によるよい影響に注目してきました。では，逆に悪い影響とはどのようなものでしょうか？　ここでは，情報メディアの過剰利用を悪質な依存と考えて，生物的側面，社会的側面，心理的側面での影響を紹介していきましょう。

### 12.2.1 過剰な利用とメンタル悪化〜地獄のスパイラル

　図 12.1 の 3 つの側面に関して悪影響をもたらすものとして，いくつでも要因をあげることができますが，本書では ICT 関連，それも参考にしている研究成果の関係上，メールの過剰利用を取りあげたいと思います。もちろん，ここで語る内容は，基本的に SNS でも共通すると思いますので，しっかり理解していきましょう。まあ，1 対 1 のコミュニケーションと，1 対多のものとを一緒にしないで，って議論はあると思いますけどね。

　高校生を対象とした，メンタルヘルスの分野での研究において，メール依存（メディア依存）とメンタルヘルス悪化との間で，以下のような意味で大いに関係し合うことがわかっています [2]。

　　① メディア依存によってメンタルヘルス不良が生じる。
　　② メンタルヘルス不良によってメディア依存が深まる。

　この辺の事情を図で書くと図 12.3 のようになります。図は，メディア依存，メンタ

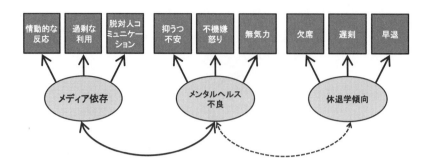

**図 12.3** メディア依存，メンタルヘルス不良，登校行動の関係性
（太線は関連があることを示す）

ルヘルス不良，休退学傾向がどのように関係し合っているか，またこれらのことが心身や行動にどう関係するかを表したものです。この図より，メディア依存とメンタルヘルス不良の間に大いに関連があることがわかるかと思います。メンタルヘルスの不良と休退学傾向の関連性は小さいことがわかっています。

　メディア依存者の傾向として，

- 情動的な反応（自分が出したメールへの返事がすぐに来ないと不安になるなど）
- 更なる過剰利用（人と話しながらメールを打つなど）
- 脱対人コミュニケーション（会ったり電話したりして話せばよいことを，メールを使うなど）

というのが見られます。こうしてメディアへの依存によってメンタルの面に悪影響を与え，その結果さらにメディアへの依存を深めてしまうという，まさに負のスパイラルとでもいうべき状態になっていくわけです。

　メールでこの調子ですから，LINE，SNS，オンラインゲームのように，他者の反応がすぐにわかるようなコミュニケーションツールだと，その傾向は拍車がかかるかもしれません。この部分はあくまでも著者の予想です，それもハズレてほしい種類の。

　「こんな話うっそだ〜！」なんて言ってる人，注意しないと，明日はあなたの身に起こるかもしれませんよ〜，お〜そろしっ！

### 12.2.2　生物的側面での影響とその回避行動〜ココロとカラダはつながっているのさ！

　次に，生物的側面への影響を考えてみましょう。ココロに影響が出るならば，カラダに影響が及ぶのは自然なことと言えるでしょう。昔の言葉に「健全な精神は健全な肉体に宿る」というのがありますよね。少々乱暴な考え方かもしれませんが，ココロが健全だからカラダも健全になれる，という見方もできるわけです。そのメカニズムを生物学的に解き明かすのは，本書の範囲を大いに超えてしまいますので，その道のプロの方々にお願いすることにします。

　生物的側面での影響を考えると，以下のようなことが考えられます。

■ **生活全般への悪影響**

- 健康への悪影響
- 生活の質（Quality of Life; QOL）の低下
- 生活習慣の悪化
  - 座っている時間が増加する生活スタイル（sedentary lifestyle）の定着
  - 体型への影響（肥満傾向など… あれ，著者に当てはまってるな〜，昔から）

■ **身体への悪影響**

- 多岐にわたる身体的な不調（図 12.4）
- 体内機能の不調（図 12.5）

メディアへの依存が私たちの心身や行動に著しい悪影響を与えることがわかったわけですが，やはり健康は大事ということで，こうした悪影響を回避する方法はないのでしょうか？

以下にいくつかの回避行動の例とその効果を簡単に紹介します。きっと，いいヒントになると思います。

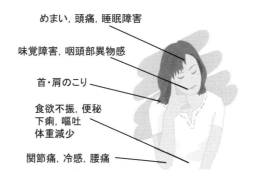

**図 12.4** メディア依存がもたらす身体的な不調

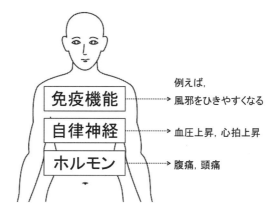

**図 12.5** メディア依存がもたらす体内機能の不調

**(1)　適度な運動を生活の中に取り入れる**

　週に 2 回，額に汗ばむ程度の運動を 1 回 20 分～30 分ほど行うとよいとされています。例えば，ウォーキングは敷居が低い運動の代表格と言えるでしょう。歩数計を持って歩くと，図 12.6 のように，装着して歩行するようになってから 1 週間で身体活動量が向上することがわかります。また，歩数が上がるとメンタルヘルスにもよい影響を与えることがわかっています。歩数が見える化されて，どんどん頑張ろうという気になるのでしょう。まさに，カラダの健康がココロの健康にもつながるってわけですね。

**(2)　適度なメディアの利用時間を守る**

　テレビ，DVD，ゲームなどの利用時間を制限することにより，食習慣の改善，メンタルヘルスの改善，血圧の正常化などの効果が得られることが知られています [4]。

　事例を紹介しましょう。週あたり 30 時間メディアを利用（ゲーム・テレビ視聴・DVD 視聴）する大学 1 年生（男性，極度肥満（体重 97 kg））で，うつ状態，高血圧の症状をもっていた人物に関する事例です。この人物が目標として「1 週間あたりのメディア利用時間を 10 時間以内にする」を掲げ，3 か月チャレンジしたときのメディア利用時間の変化を図 12.7 に示します。図を見てわかるように，週単位で利用時間が確実に減っていますし，5 週目で目標を達成して，その後継続できている様子がわかりま

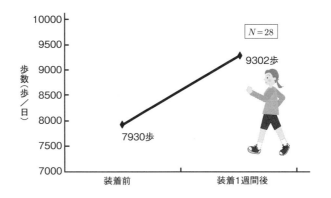

図 **12.6**　歩数計を用いたウォーキング導入の効果 [3]

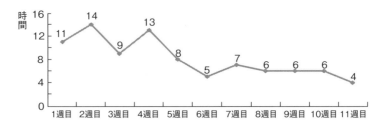

図 **12.7**　メディア利用時間制限（1 週間単位）の効果 [4]

す。この事例では，開始から 3 か月後に食習慣の改善，うつの軽減，高血圧状態の改善が認められたそうです。以前メディア利用に費やしていた時間を他に振り向けられるようになったことが影響したのでしょうか。やはりメディアと上手く付き合うと，ココロもカラダも健康になっていきますね。ウォーキングのような軽い運動とペアで実践したら，もっと健康になれるかな。常日頃から心がけるようにしたいものですネ！

### 12.2.3　心理的側面での影響とその回避行動〜ココロがつらいと往生しまっせ

　前の節では，カラダの話をしましたが，カラダとココロは密接につながっているので，今度はココロの話をしましょう。まず，表面的に現れる症状として不定愁訴（in-definite complaint）があります。これは

- なんとなく身体がだるい
- 頭が重い
- 疲れがとれない
- イライラする
- やる気が起きない

など，「何となく体調が悪い」という自覚症状のことです。病院などで検査しても，「正常ですね」と言われてしまうケースが多いようです。読者のみなさんは大丈夫でしょうか？

　こんなとき，ココロの健康にどんな影響が出ているかというと，特に抑うつ感（落ち込み感）が強くなって，いろんな行動をしようとする意欲や活力が低下する，という症状が現れます。ところで，抑うつ感って何でしょうか？　おもな症状としては，落ち込み感（何もする気が起きないなど），睡眠障害（眠れない，不眠，夜中目覚めるなど），食欲変化（食べ過ぎ，拒食など）があげられます。

　では，これらのココロの症状はなぜ起きるかですが，ストレスがかかると，脳の視床下部，下垂体，副腎皮質あたりから，ストレスホルモンが分泌されることと関係があるそうです（図 12.8）。

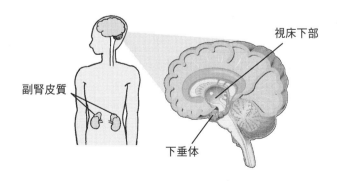

図 **12.8**　ストレスホルモンの分泌箇所

不定愁訴などの表層の症状（マクロ）〜ココロの健康状態（中層）〜ストレスホルモン（ミクロ）の影響を見てきましたので，こんな心理的トラブルを回避する方法を考えてみましょう。

まず，基本は**リフレッシュする**（リカバリー）ということです。メディアから離れて，娯楽や趣味に費やす時間を確保する，休息をきちんととる，友人と楽しい時間をもつなどして，心理的なストレスを低下させるとよいでしょう。とりわけ落ち込んでいるときには，メディアの長時間利用を控えるのが good！ です。

日常生活の中で簡単にできるリラックス法を取り入れるのも効果的です。例えば，以下のようなことがあげられます。

- 筋弛緩…各パーツの筋肉にギュッと力を入れ（10 秒間緊張），一気にスーッと脱力（15 秒間）する。　　（5 回ぐらい繰り返す）
- 深呼吸（腹式呼吸）…まず，お腹の中の空気をすべて吐き切るイメージで息を吐き出します。①吐き切ってお腹が凹んだら，次は下腹部に空気を入れて膨らませるイメージで，鼻からゆっくり息を吸います（3 秒ぐらいかけて）。②めいいっぱい息を吸い込んだら，少し息を止めて（3 秒ぐらい），③再びお腹を凹ませながら，ゆ〜っくり口から息を吐いていきます（6 秒ぐらいかけて）。　　（①〜③を繰り返します。5 分程度）
- 摂食…ゆっくり食事をする。　　（パソコンや携帯に触れずに）

なんだか，すぐにできそうですね。筋弛緩はビミョーに TPO を考えてから行った方がよさげですが…。

### 12.2.4　社会的側面での影響とその回避行動〜思い出せゲンジツ！

情報メディアを楽しく使っている間は問題ないのですが，過剰に利用し，依存するようになると，知人や友人とのトラブルに発展するリスクが高くなると考えられます。直接会って口頭で話すのと違って，メディアに記録として残りますからね〜。

図 12.9 からメディアの過剰利用による社会的な影響の具体例を見てみましょう。2者間のトラブルの例として，メール，LINE，Twitter のダイレクトメッセージでのやり取りの中で起こるケンカ（ネチケット違反ですが）があげられます。ケンカの跡はずっと残ります。それを後日あらためて見返したときに，ケンカしたときの感情が再燃して，再びケンカになるなどして，人間関係に亀裂が入ることになりかねないわけです。

多者間，つまり集団の場合ですが，SNS や Twitter のように，不特定多数の目にとまるメディアを過剰に利用すると，誹謗中傷などの書き込みの連鎖によって，いわゆる炎上に巻き込まれていくことが考えられます。負の感情が閲覧している第三者にまで伝搬しているものと思われます。

では，このような影響の回避行動とはどんなものでしょうか？　一部は心理的・生物的な影響からの回避行動と共通しますが，以下のことがあげられます。

(a) 2者間の例：過去の投稿内容による感情の再燃

(b) 多者間の例：誹謗中傷などの書き込み

図 **12.9** メディアの過剰利用による社会的な影響の例

- 適度な利用時間の制限をする。
- 現実的なコミュニケーションを行う。

この他にも，以下のようなルールを自分に課して実行していくことが必要です。

- SNS などのメディアを用いて誹謗中傷をしない。
- 個人の属性情報をしっかり管理する（プロフィールの公開範囲をうまく設定するということ）。
- 心のゆとりのある時に SNS などを利用する。
- 怒りを落ち着ける（アンガーマネジメント）方法を身につける。
  ◇深呼吸を 2 分間行う，運動などのリフレッシュタイムを設けるなど。

## 参考文献

[1]  田山淳，"情報メディア利用の行動科学"
   ※この章でのスライド資料です。以下はこの資料で引用された文献です。

[2]  田山淳，"高校生の携帯電話依存と心理・行動要因との関連について"，心身医学，**51(3)**，pp.245-253，2011

[3]  田山淳，西浦和樹，高橋憲子，"健康教育プログラム開発と実践に関する教育心理学的研究 — 肥満児への認知行動療法の適用によるメディア暴露改善のケースについて"，宮城学院女子大学発達科学研究 **8**，pp.39-49，2008

[4]　田山淳，松田幸久，内海貴子，西浦和樹，"短期的な集団認知行動的アプローチによる食行動異常の改善効果"，宮城学院女子大学発達科学研究 **11**，pp.53-60，2011

# 索　引

著者略歴

上　繁　義　史
うえ　しげ　よし　ふみ

1997 年　九州工業大学大学院工学研究科
　　　　博士後期課程単位取得退学
現　在　長崎大学准教授（博士（工学））

Ⓒ　上繁義史　　2021

2016 年 3 月 31 日　初　版　発　行
2021 年 1 月 29 日　改　訂　版　発　行
2024 年 1 月 30 日　改 訂 第 3 刷 発 行

情　報　基　礎
はじめて学ぶ ICT の世界

著　者　上 繁 義 史
発行者　山 本　　格

発 行 所　株式
　　　　　会社 培 風 館
東京都千代田区九段南 4-3-12・郵便番号 102-8260
電 話 (03) 3262-5256 (代表)・振 替 00140-7-44725

平文社印刷・牧 製本

PRINTED IN JAPAN

ISBN 978-4-563-01608-1 C3004